职业教育护理专业规划教材

护士礼仪

高职高专护理专业教材编写组 编

河南大学出版社
HENAN UNIVERSITY PRESS
·郑州·

图书在版编目(CIP)数据

护士礼仪／高职高专护理专业教材编写组编. —郑州：河南大学出版社，2018.4
ISBN 978-7-5649-3259-6

Ⅰ.①护… Ⅱ.①高… Ⅲ.①护士-礼仪-高等职业教育-教材 Ⅳ.①R192.6

中国版本图书馆 CIP 数据核字(2018)第 067772 号

责任编辑　刘利晓
责任校对　陈　巧
封面设计　郭　灿

出　版	河南大学出版社
	地址：郑州市郑东新区商务外环中华大厦 2401 号
	邮编：450046
	电话：0371-86059701(营销部)
	网址：hupress.henu.edu.cn
排　版	河南宏运蓝图文化传媒有限公司
印　刷	广东虎彩云印刷有限公司
版　次	2020 年 12 月第 1 版　　印　次　2020 年 12 月第 1 次印刷
开　本	787mm×1092mm　1/16　　印　张　7.75
字　数	219 千字　　　　　　　　　定　价　22.00 元

(本书如有印装质量问题，请与河南大学出版社营销部联系调换)

前 言

为了满足社会发展需求,适应医学模式的转变,提供优质护理服务,学习护士礼仪知识、加强护士礼仪修养已经成为提高护士全面素质的一个重要方面。为此我们在参考国内目前新出版的各种相关教材的基础上遵循"够用、实用、能用"的原则,结合护士职业特点,编写了这本《护士礼仪》教材。

本教材紧紧围绕"以服务为宗旨、以就业为导向、以岗位需求为标准"的职业教育指导思想,力求符合高职高专的学生特点,贴近社会生活,贴近专业岗位;力求结合"以人为本,人文护理"模式,突出卫生职业教育特色,融理论、实践、案例于一体。

本教材具有以下特点。

一是内容新,及时将学科发展与时代发展需求相结合。本教材较传统教材增加了特殊患者护理礼仪与护理纠纷礼仪,对护理纠纷产生的原因、如何采取有效措施减少护患纠纷,以及出现问题后如何调解纠纷等加以分析,对护理人员的言行加以指导,使护理人员具备良好的礼仪风度,满足护理工作需要。

二是结构新,突出"以人为本"的护理理念和护理职能。本教材考虑到人文护理工作的特点,通过名人名言、知识拓展、案例引导等内容,力求使护士礼仪相关理论知识深入浅出,通俗易懂。同时,结合国家护士资格证考试要求,本教材的各章后都配备了思考题,便于学生在学习过程中巩固所学知识。

本教材在编写过程中参考和借鉴了有关著作和文献资料,在此向作者们致以诚挚的谢意。由于我们水平有限,不妥之处难免存在,恳请各位老师、同人、专家不吝赐教并予以指正,在此,我们谨表深深的谢意!

编　者
2017 年 11 月

目　　录

项目一　护士礼仪概述 ·· 1
　任务一　礼仪概述 ·· 1
　任务二　护士礼仪的特征与作用 ·· 4
　任务三　学习护士礼仪的意义与方法 ·· 7

项目二　护士仪容礼仪 ·· 11
　任务一　仪容礼仪概述 ·· 11
　任务二　护士仪容修饰礼仪 ·· 13

项目三　护士服饰礼仪 ·· 25
　任务一　服饰礼仪概述 ·· 26
　任务二　护士服饰礼仪概述 ·· 31

项目四　护士言谈礼仪 ·· 36
　任务一　言谈中的基本礼仪 ·· 36
　任务二　护理工作中的言谈礼仪 ·· 41

项目五　护士姿态礼仪 ·· 54
　任务一　护士的手姿 ·· 54
　任务二　护士的站姿 ·· 56
　任务三　护士的坐姿和蹲姿 ·· 57
　任务四　护士的走姿 ·· 59

项目六　护士日常工作礼仪 ·· 62
　任务一　护士日常工作礼仪概述 ·· 62
　任务二　不同岗位护士礼仪 ·· 72

1

任务三　患者护理礼仪 ·· 84
　　任务四　同事交往礼仪 ·· 88

项目七　特殊患者护理礼仪 ·· 100
　　任务一　对老年患者的护理礼仪 ·· 100
　　任务二　对患儿的护理礼仪 ··· 102
　　任务三　对孕产妇的护理礼仪 ··· 107

项目八　护理纠纷礼仪 ·· 112
　　任务一　护理纠纷概述 ·· 112
　　任务二　护理纠纷的发生与解决 ·· 114

参考文献 ··· 118

项目一 护士礼仪概述

学习目标

1. 掌握礼仪的概念、特点及礼仪的作用。
2. 熟悉护士礼仪的原则及作用。
3. 了解礼仪的意义和学习方法。

案例导入

小李是某医院的一名护士。星期天,她去美容院把头发染成了酒红色。周一早上上班前,小李画了个漂亮的淡妆,穿上连衣裙,喷上香水,准备精神焕发地上班,交接班的时候有的同事还夸她说"小李,你今天真是香气袭人呀",小李非常开心。但等小李去病房开始工作的时候,患者却因为她身上的香气而不停地打喷嚏。

思考与讨论:
(1) 作为一名护士,小李的仪容修饰是否恰当?
(2) 案例中小李的行为共有几处不恰当的地方?它们分别是什么?

点评: 礼仪是指人与人之间在日常生活和相互交往中言语、动作谦虚、恭敬、友好的行为。礼仪体现着一个人的基本品质,它是一个人道德修养、文明程度和文化水平的体现。护士礼仪是指护士在工作中所应遵循的行为准则,是护士职业形象的重要组成部分,是护士素质、修养、气质的综合反映。护士在工作中应遵循仪容、服饰等方面的礼仪规范,为患者提供更优质的护理服务。

任务一 礼仪概述

一、礼仪的概念与特点

(一) 礼仪的基本概念

礼仪是指人们在社会交往中由于受传统文化、风俗习惯、时代潮流等因素的影响而形成的,既为人们所认同,又为人们所遵守,以建立和谐关系为目的的行为准则或规范的总和。在礼学体系中,与礼貌和礼节相比,礼仪的内涵要深一些,主要有以下几点:

（1）礼仪是一种行为准则或规范。它表现为一定的章法。如果你要进入某一地域，你就要对那里的习俗和规范有所了解，只有遵守这种习俗和规范，才能融入当地的环境。

（2）礼仪是一定社会关系中人们约定俗成、共同认可的行为规范。在人们的交往活动中，礼仪首先表现为一些不成文的规矩、习惯，然后才逐渐上升为大家认可的，可以用语言、动作进行准确描述和规定的行为准则，并成为人们有章可循、可以自觉学习和遵守的行为规范。

（3）礼仪实施的过程是一种情感互动的过程。在礼仪的实施过程中，既有施礼者的控制行为，也有受礼者的反馈行为，即礼仪是施礼者与受礼者互相尊重、情感互动的过程。

（4）礼仪的目的是实现社会交往各方的互相尊重，从而达到人与人之间关系的和谐。在现代社会，礼仪可以有效地展现施礼者和受礼者的教养、风度与魅力，它体现着一个人对他人和社会的认知水平、尊重程度，是一个人的学识、修养和价值的外在表现。只有处于互相尊重的环境中，人与人之间的和谐关系才能建立并逐步发展。

 知识拓展

礼仪是在他的一切别种美德之上加上一层藻饰，使它们对他具有效用，去为他获得一切和他接近的人的尊重与好感。

——洛克

（二）礼仪的特点

在了解礼仪的含义之后，我们有必要进一步把握礼仪的特点，从而更深刻地理解礼仪的本质，更好地为我们的礼仪实践服务。

1. 规范性

礼仪是一种规范，它不是人们主观臆断形成的结果。礼仪规范是对人们在社会交往实践中形成的一定礼仪关系的概括和反映，以风俗、习惯和传统的方式保留下来。进一步说，礼仪是一定社会或阶级对人们的言行举止所提出的要求，并由社会思想家们集中概括出来，从而形成人们普遍遵循的行为准则。每个人要想在公众场合表现得彬彬有礼，很有修养，都必须无条件地遵守礼仪规范。任何人如果不按照被社会认可的礼仪规范去工作、生活，而是随心所欲地按自己的方式去做，那么其行为会令很多交往对象难以接受。所以，规范性是礼仪的一个极为重要的特性。

2. 多样性

礼仪作为一种行为规范，涉及社会生活的各个方面，从而决定了礼仪具有多样性的特点。人们因为职业不同、生活领域不同需要遵循不同的礼仪规范，因此，不管在内容上，还是形式上，礼仪都是具有多样性的。

3. 差异性

礼仪是在各种社会实践中逐渐沉淀下来的文化遗产，所以，礼仪的具体运用会因时间、地点等现实条件的不同而呈现出一定的差异性。另外，同一种礼仪形式，在不同的场合，针对不同的对象，会有细微的差别，如同样的一句话对北方人来说可能觉得是笑话，但对南方人来说，则可能会令彼此尴尬。正因为礼仪存在这些差别，所以人们在社交活动中，应尽可能多地熟悉和掌握社交礼仪，熟练地运用礼仪规范来展示自己的风采，使自己在社交场合中保持良好的形象。

4. 继承性

人们在交际活动中的行为习惯会以准则的形式固定下来。这些准则随着时间的推移沿袭下来，从而形成种种行为规范。每一个民族的礼仪文化，都是在民族固有传统文化的基础上，通过不断吸收其他民族的礼仪文化而发展起来的，人们对待流传下来的礼仪规范应采取"取其精华，去其糟粕"的态度。

5. 发展性

社会随着时间的推移在进步,礼仪也在不断地发展。在古代社会中,平民老百姓见到官员或者有钱人必须下跪或者作揖,以显示尊卑之间的地位差异,如果不这样做,轻则被认为是"大不敬",重则入狱乃至杀头。当今社会摒弃和革除了显示人尊卑身份的跪拜之礼,建立了平等、民主的握手礼仪,这就是礼仪的发展性。

6. 针对性

礼仪适用于需要以礼相待的特定的社交场合。在特定的时间、地点,礼仪会行之有效,发挥很好的作用。在现代,人们已经把护理定位为服务行业,一般情况下要求护士微笑服务。例如,在门诊的导诊台为患者答疑解惑或者在住院部迎接新入院患者时,护士微笑代表的是乐于为对方服务;但是当患者在抢救失败的时候再微笑就不合适了,这就是礼仪的针对性。

二、护士职业素养

护士职业素养是指从事护理职业者在从业时所必须具备的综合素质和涵养,是在从业过程中表现出来的综合品质,是护理职业内在的规范和要求。

(一)护士应具备的心理素质

21世纪是充满了竞争和压力的时代,是否具有良好的心理素质,是决定一个人能否充分地展示自己、能否成功的关键。护士肩负着救死扶伤的光荣使命,因此,护士的心理素质在完成光荣使命的过程中尤为重要。护士的心理素质不仅与医疗护理质量有密切的关系,而且是护理学科发展的决定性因素。因此,不断提高自身的心理素质,是合格护士的重要任务。

健康心理是健康行为的内在驱动力。护士良好的心理素质表现在应以积极、有效的心理活动,平稳、正常的心理状态去适应、满足职业对自己的要求。

1. 有谋求事业成功的乐趣

只有乐于为解除患者疾苦奉献的护士,才会有热爱生命、尊重患者的美德,以及强烈的求知欲去学习、钻研业务技术,探求护理规律,不断提高自己的工作能力和业务技术水平。

2. 有正确的从业动机

护理是高尚而平凡的职业。护士要能不为名利所诱惑,不受世俗偏见所干扰,就必须不断调整自己的心理状态,端正从业动机,以服从事业的需要和社会的需要,使热爱护理工作的事业心更具有稳定性、专一性和持久性。

3. 有坚强的意志

护理服务对象的特殊性和职业生活的特殊性,要求护士具有百折不挠的意志力、高度的自觉性、较强的耐受力;要求护士时刻坚持正确的行为准则;要求护士严谨认真、正直无邪,以高尚的人格忠诚地维护患者的利益。

4. 有美好的情感

知识、技术、情感的综合应用是护理专业的特色之一。护士情感的核心是"爱",是对生命的爱心和对事业的热爱而铸就的美好、细腻的情感,这是对患者进行心理治疗的"良药"。

5. 要优化自己的性格

性格反映了一个人的心理风格和行为习惯。待人热情诚恳,宽容豁达;工作一丝不苟,认真负责;有灵敏的思维、稳定的情绪、活泼开朗的个性、稳重冷静的处事态度——这些都是护士应有的性格特色。优化自己的性格,不仅能给患者以温馨和信任的感觉,而且能产生良好的护理效果。

(二)护士应具备的人格特点

护理工作维系着人们的健康生存与千家万户的幸福。因此,护士的理想人格情操应是:有自尊、自重、自强不息的精神;为追求护理学科的进步而勤奋学习,刻苦钻研业务;对保障人类健康有高度的社会责任感和爱护生命的纯朴情怀;自知、自爱,正视自己在能力、品质方面的弱点,力求自我不断完善。总之就是以人格的力量敬业,在奉献中提高自己的精神境界。

(三)护士应具备的人性美

护士的人性美是指护理工作的特殊性要求护士将内心的美与外在的美融为一体,创造出美的环境,使患者产生美感,感受到生命与生活的美好,从而产生战胜疾病的勇气。护士的人性美表现在以下两个方面。

1. 心灵美

心灵美是人的内心世界的美,是人性美最重要的组成部分。护士的心灵美是护士职业道德最根本的内容。言行一致、表里如一、严于律己的护士才是患者所信赖的、有威望的、可尊敬的护士。护士要具备美好的心灵,必须要树立高尚的情操,而高尚情操的树立有赖于树立正确的世界观和人生观,我们只有用正确的世界观和人生观去观察和对待人生的问题,才能使内在的美展现出来。心灵美在护理工作中绽放着耀眼的光辉,在很大程度上决定了护理水平,甚至决定着护理工作的成功。护士的心灵美主要表现为善良、正直、诚实、乐观、豁达、谦和。

2. 风度美

人的风度是指在长期的生活实践中形成的,通过人的神态表情、举止行为、语言、服饰等表现出来的内在的精神状态、个性气质、品质情趣、文化修养、生活习俗等总体特征。护士的风度美首先来自护士良好的精神状态;其次来自护士儒雅、机智的谈吐,这需要护士掌握丰富的专业知识和人文知识;护士的风度美还来自仪表、举止、礼仪,这些都会给交往对象留下美好的印象。

任务二 护士礼仪的特征与作用

一、护士礼仪的特征

护士礼仪是一种职业行为规范。护士礼仪除了具有一般礼仪的基本特征外,还具有护理专业的文化特性,是护理专业行为规范指导和协调护理行为过程中的艺术。护士礼仪在适用对象、适用范围上存在显著的专业特征。

(一)护士礼仪的规范性

护士礼仪本身就是护理人员必须遵守的行为规范,它是在法律、规章、制度、守则等基础上,要求护理人员可以做什么,不可以做什么,为护士待人接物、律己敬人等规定的模式或标准。

(二)护士礼仪的强制性

护士礼仪的诸多内容既然以法律、规章、制度、守则等为基础形式,那么其就对护理人员有了强制性的约束力,对不遵守者就必须给予惩处,以保持护士礼仪的严肃性。

(三)护士礼仪的综合性

护士礼仪作为一种专业文化,是护士综合素质的体现综合性的,主要表现有三点:一是护理服务的科学性与艺术性的统一,二是人文与科技相结合,三是生命伦理学与美学等人文原则须纳入操作者的思想中。总之,护理活动必然会体现出护士的科学态度、人文精神和丰富的文化底蕴。

(四)护士礼仪的适应性

护士礼仪的适应性是指人们对于不同的服务对象或不同文化制度的礼仪具有适应能力。不同文化制度的礼仪之间能够相互兼容和相互适应。随着国家之间友好往来的增多,护理工作面对的患者在信仰、习俗、文化等各方面都有所不同,护士在工作中要尊重患者的信仰、习俗、文化,并在交流、接触、调整中相互融合、适应。

(五)护士礼仪的可行性

护士礼仪注重的是切实有效、可行、实用。因此,护士礼仪须广泛地运用于护理实践,并成为工作中的行为规范,最终受到护理对象的认可。

(六)护士礼仪的传统性

传统性是护士礼仪的重要特征。任何国家或任何民族都有自己的传统文化,传统文化中的精华必须继承。中国的文化礼仪体现了中华民族重人伦、崇道德、尚礼仪的传统,我国护士礼仪继承了中华民族的优良传统,汲取了西方文化的精华,形成了自己的科学体系,并日趋完善。

二、护士礼仪的原则

(一)遵守的原则

礼仪作为社会行为的准则和规范,反映了人们的共同利益和要求。因此,在社会生活中,每一个成员都必须自觉用礼仪去规范自己的交际言行。任何人,无论职务大小、身份高低、财富多少,都应自觉地遵守、应用礼仪。

(二)尊重的原则

俗话说"人敬我一尺,我敬人一丈"。尊重是礼仪的灵魂和基础。尊重包括尊重自己和尊重他人。在人际交往中,我们在自尊、自爱的同时,也必须尊重对方的人格,做到宽容、大度、平等。只有人与人之间互相尊重,才能保持和谐的人际关系。

(三)自律的原则

自律要求人们从内心树立良好的道德信念和行为规范,并因此约束自己的行为,自觉按照礼仪规范去做而不需要外界的提示和监督。我们在要求别人做到之前自己就要做到,严以律己,宽以待人,不断提高自我约束、自我克制的能力。

(四)宽容的原则

在护理工作中,护士和患者、家属、医生等人群交往时,宽容是必不可少的。尤其是患者,他们因受疾病的折磨,常会心情不好、抑郁、沮丧,很容易产生急躁情绪,从而出言不逊,甚至辱骂护士。如果护士没有宽容之心,与患者据理力争,矛盾和冲突就会即刻爆发。护士一定要为患者的健康着想,宽以待人,充分展示护士的风度和修养。

(五)平等的原则

平等是礼仪的核心,即护士在工作中以诚相待,对患者一视同仁,不能因为患者年龄、性别、种族、文化、职业、职务、身份、地位、财富等不同而厚此薄彼,给予其不同的待遇。

(六)从俗的原则

俗话说"十里不同风,百里不同俗",由于不同国家、地区、民族有着不同的文化背景和风俗习惯,在人际交往中,我们必须坚持入乡随俗的原则,切勿目中无人、自以为是。

(七)真诚的原则

真诚是人与人相处的基本态度,与人交往时务必待人真诚,表里如一。不是所有人都能有优美的姿态、潇洒的风度、得体的谈吐,但是你只要真诚相待,让人感受到你的真诚,就同样可以赢得他人的信任和礼遇。

(八)适度的原则

适度就是指应用礼仪时,注意把握分寸,认真得体,恰到好处,具体要求有三点。第一,感情适度。与人交往时要彬彬有礼,不要低三下四;要热情大方,不要表现轻浮。第二,谈吐适度。要坦率真诚,不要言过其实。第三,举止适度。与人交往时,要优雅得体,不要矫揉造作;要尊重习俗,不要粗俗无理。

三、护士礼仪的作用

礼仪是人们在社会交往中逐渐形成和发展而来的共同准则,是人类社会文明发展的产物。加强护士礼仪的学习,对提高护理人员自身的修养和素质,促进社会主义精神文明建设,塑造良好的护理人员形象,扩大社会交往,促进护理事业的成功都有十分重要的意义。

护士礼仪的作用主要表现在以下几个方面。

1. 沟通作用

成功的人际交往与交往双方之间的行为有密切的关系,如热情的问候、亲切的微笑、友善的目光、得体的举止、文雅的谈吐等以礼相待的方式都是双方所能接受的。护理人员在进行护理活动的过程中,如果能很好地运用沟通技巧,将有助于与交往的对象交流情感,达成共识,开展护理活动,建立友谊。

2. 美化作用

在人类生产生活过程中所产生的礼仪规范,非常讲究人的内在美与外在美的和谐统一,强调一个人的美,必须做到内外优化、整体配合,才能逐渐形成内有美好心灵、外有优雅举止和美丽仪表的有机整体。护理人员在为患者服务的过程中,只有内心对患者充满关心和爱护,才可能在护理行动中表现出对患者无微不至的关怀。护理人员美好的仪容仪表、优雅的体态举止、熟练的操作技能、规范的礼仪服务等不但可以营造出和谐融洽的气氛,让患者备感温暖,同时还会使患者对医院产生良好的印象。

3. 调节作用

护士礼仪是护理人员在护理服务活动中建立和调节人际关系的润滑剂。只要护理人员能充分遵守护士礼仪,就会使双方建立互信、建立护患友谊、缓和护患矛盾产生积极的调节作用。

四、护士礼仪的内涵

1. 护士仪表的表达功能

在护理人际交往中,仪表礼仪是一种无声的语言。仪表服饰所起的作用是非常重要的。仪表是护患交往中最先进入对方视野的信息,患者常有意无意地根据护士的仪表以及自己所受的礼遇来分析和判断这其中折射出的对方的心态、情感和意向,因此,仪表起着表情达意的作用。

2. 护士服饰是职业形象的象征

护士服饰首要的是实用、便于操作和美观。护士统一的服装是职业的象征,燕帽是护士的标志;同时,服饰的干净平整、合体舒适可以给人以美好的印象。仪表修饰能给人一种视觉美的造型艺术,可扬长避短,起到树立良好形象的作用。护士的形象是护士在与服务对象相互接触的过程中形成的,是护士内涵和外部的整体形象,护士良好的形象不仅能使医院给公众留下深刻的印象,同时也是医院整体形象的关键部分之一。一方面,护士的礼仪形象影响到社会对护士职业的评价,影响到护士在社会中的地位;另一方面,护士在实施礼仪的过程中也潜移默化地塑造着护士自身的良好气质、情操、心理、性格、意识、理念,完善着自己的形象。

3. 护士的举止能使人既见其表又窥其内

护理人员训练有素的举止能显示出护理人员良好的素质和风度,并能给人们留下温和、善良、仁爱的白衣天使形象,所以,举止礼仪在护理工作中十分重要。人们在交往中,尤其在正式场合中,端庄的站姿、优美的坐姿、雅致的步态、恰当的手势、丰富的表情直接影响着他人对自己的印象和评价。举止是人们在生活与交往中所表现出的各种姿态,是一种无声的语言,能表达人类的思想感情变化及对外界的反应。举止直接反映出人的内在素养,也影响着他人对自己的印象和评价。

4. 护士服务的艺术性

护士礼仪是研究护理服务艺术的问题。作为社会的一分子,每个人都有不同的社会、文化、宗教、民族背景和心理特征。同样一种疾病,不同的护理对象有着不同的护理需要,而护理需要的满足措施是不一样的,护理方法也因人而异,这就需要护理服务借助于护士礼仪的表现形式,使护理技术更具有人性化。

随着生活水平的提高,人们对医疗卫生的需求也不断提高,护理服务已经不仅仅局限于打针、输液、发药等单纯的护理工作,而是越来越注重为病人提供全身心、全方位的优质护理服务。除行业技术外,护士的言行举止也要充分体现对病人的关心、照顾和体贴,应该符合行业行为规范的要求。因此,面对未来的医疗竞争和社会需求,护士礼仪将成为护理行业规范的、外在的、艺术的表现,护士只有树立更科学的服务理念才能体现礼仪的隐性价值。

任务三 学习护士礼仪的意义与方法

知识拓展

1. 一个人的礼貌,就是一面照出他的肖像的镜子。

——歌德

一、护士礼仪在护理工作中的重要意义

在现代护理工作中,加强护士礼仪修养的培养,已经成为提高护理人员全面素质的一个重要方面。护理人员的整体素质包括思想素质、业务素质、心理素质和技能素质等,是保证护理工作在高标准、高质量、高要求下完成的必要条件,对促进医疗事业在护理方面的进步有着非常重要的意义。

1. 护士礼仪是做好护理工作的前提

敬业精神和职业道德是道德修养的根基。目前,增强责任感、敬业精神和职业道德仍然是影响护理人员发挥作用的首要因素。护士的道德修养、思想品质及敬业精神直接制约其语言交际的能力并影响患者治疗的效果,决定了护士对待护理工作及患者的根本态度。一名合格的护士不但要以南丁格尔为榜样,还要以希波克拉底誓言为准则,不断地修身立德,自觉培养良好的职业道德观念和敬业精神。只有具备了全心全意为患者服务的责任感和事业心,时时、事事、处处为患者着想,急患者之所急,想患者之所想,以患者为重,护士才会对护理工作有高度负责的责任心,才会在工作中自然流露出真情实意,给患者带来舒适感和安全感,才能增进护患双方之间的协调配合,达到事半功倍的治疗效果。

2. 护士礼仪是护理人员提高基本素质的必要条件

护士礼仪是护士的职业形象,仪表端庄、言谈举止适度都有助于护士培养积极的心态,培养高度的自制力和高超的领导才能,受到别人的尊重和爱戴,并在职业工作中取得惊人的成绩。语言是人们在社会生活中广泛运用的一种传递信息、交流情感和沟通人际关系的工具,是心灵的声音,护士美好的心灵要通过言谈举止体现出来,给患者留下美好的印象,从而获得患者的信任、尊重及安全感。

护士礼仪不仅反映了从事护理工作人员的外在精神状态,更是其内在思想品质、道德品质、敬业精神和自身修养等深层次的体现。护理工作的服务对象是一个特殊的群体(包括老、弱、病、伤、残等),他们比正常人更加需要尊重、安慰、关心和理解,而恰当的仪表、仪态、言行举止不仅能密切医患关系,而且对患者的康复起着很重要的作用。因此,学习护士礼仪是护理人员必备的基本素质。

3. 护士礼仪是护士塑造自我形象的保障

学好护士礼仪能使护理人员在护理实践中充满自信心、自尊心和责任心;端庄的仪表、端正的态度、亲切的语言、优雅的举止、微笑的面容、敏捷而灵巧的操作技术,塑造了良好的护士形象,使患者在心理上得以平衡和稳定,这既可改善护患关系,又能有效地消除患者由于环境陌生带来的紧张焦虑心情。因此,我们应加强培养护理人员的形象意识,使他们在护理实践过程中时刻保持良好的精神状态,自觉按照礼仪的基本要求去规范自己的言行举止,以良好的自身形象获得公众的认可,为自己以及自己所供职的医院赢得美誉。

二、学习护士礼仪的方法

好的礼仪习惯与气质,绝不是先天就具备的,而是个人通过后天不断学习和训练才逐渐形成的。要学好护士礼仪,必须加强道德修养,充分发挥个人主观能动性,注意理论联系实际,采用多种途径进行规范的培训学习。

1. 加强道德修养,发挥个人主观能动性

人的道德水准决定了人的礼仪修养水平。有德才会有礼,修礼必先修德。护理人员只有树立了正确的道德观,才会充分发挥个人主观能动性,努力学习礼仪知识,并主动运用所学的礼仪知识为患者服务。在服务过程中,护理人员要善于发现自身的缺点和不足,并及时加以改进。

2. 通过多种途径学习,注重理论联系实际

护士礼仪的实践性很强,因此,在学习过程中,护理人员应利用一切有可能的条件和机会,如听课、听讲座、上礼仪网站查阅资料等,学习礼仪知识,同时在学习过程中要善于向做得好的同伴学习,互相取长补短。对于护士礼仪的规范要求,护理人员需要多次反复练习,并不断总结经验,再用于指导护理实践。

3. 注重个人修养

个性反映一个人的涵养,加强礼仪修养必须注重个性的自我完善。礼仪修养应建立在健康、良好的个性基础上。个性主要包括个人的气质、性格和能力。

(1)气质。

气质是一个人的真正魅力之所在,气质的美会在一个人的言谈举止、待人接物中表现出来,这种美是自然而然流露出来的,而不是刻意、生硬的模仿。没有良好的气质,礼仪也就无从谈起。因此,加强礼仪修养必须从培养良好的气质做起。

(2)性格。

在待人接物时要表现得大方得体、彬彬有礼,就必须有健康的性格。健康的性格是完美个性形成的基础,健康的性格应具备以下特征:开朗、耐心、宽容、沉着、勇敢、顽强、富有幽默感。

(3)能力。

交往的成功与否,关键在于人的能力大小。能力主要包括应变能力、自控能力、表达能力。我们在与人交往中发生意想不到的事情时要做到不失礼就需要有较强的应变能力。讲究礼仪就必须能够做到有效地控制自己的情绪,具有较好的自控能力,注重礼仪就需要注意多用敬语,委婉地表达自己的观点,做到忠言也能"顺耳",具备较好的协调能力。

个性修养的完善需要经过长期的努力,这是一个逐步熏陶、潜移默化的过程。护理职业的特殊性要求护理工作者必须培养出一种富有爱心、耐心和责任心的完美个性。

4. 提高心理素质

现代礼仪的施行要求人们具有良好的心理素质,保持积极的心态。人们若没有健康、积极的心态,就很难在待人接物时表现得主动热情,也不可能做到彬彬有礼、自尊、自信。

现代护理学是研究诊断和处理人类对存在的或潜在的健康问题的反应的一门科学。它强调人的行为反应,表现在人们对一种事从生理、心理、社会、文化和精神诸方面的行为反应上。例如,心肌梗死病人的行为反应可有以下表现:生理表现有疼痛、胸闷、气急;心理表现有害怕、恐惧;社会表现有亲属、单位的关心;文化表现是对疾病有关知识的认识和理解;精神表现为护士和医生的尊重。

从这一人的行为反应过程中,我们可以看出护理服务的对象在心理上对护理人员的依赖性。护理人员要想帮助病人在心理上战胜疾病,如果自身没有良好的心理素质和健康的心理状态,就很难为病人提供优质礼貌的服务。

5. 丰富科学文化知识

注重礼仪还应当提高科学文化知识水平。在社交活动中,具有较高文化修养的人往往更容易成为受人欢迎的人。护理人员应广泛涉猎各种文化知识,不断充实自己,既是加强自我修养的需要,也是人际交往的要求。他们只有掌握丰富的科学文化知识,才能使自己懂礼貌、讲礼节,才能使自己周到地思考问题,妥当地处理问题。

护理是现代文明社会不能缺少的职业,但又不是一种简单的职业,它是在社会科学、自然科学理论指导下的一门综合性应用科学。如今整体护理体系对护士提出了更高的要求,要求护理工作者必须从社会科学、自然科学等方面掌握新的科学文化知识,真正做到"知书达礼"。

总之,学习礼仪不是单纯的动作表演、姿态训练及语言的规范化,礼仪必须以良好的素质为基础,慧于中才能秀于外。一个人无论具有多么优越的先天条件,无论经过多么精心的打扮,或受过多么严格的训练,如果不努力提高自己的内在素质,那么礼仪也只是一种缺乏内涵的机械模仿。所以,加强礼仪修养必须把重点放在提高内在素质上。

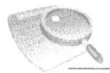 案例评析

案例:

患者杨某,69岁,农民,做完胃癌手术后,感到伤口阵阵疼痛,并很烦躁,治疗效果较差,情绪不稳定,经常生气、抱怨,与家属争吵。护士如何护理这位病人?他们应该注意哪些事项?

评析:

杨先生是农民,69岁,而且做了胃癌手术。护士应该注意跟不同教育水平的人交流时使用不同用语,尽量说通俗易懂的语言。胃癌手术是大手术,患者年纪较大,术后烦躁、疲惫及恢复较慢是正常现象,护士可用微笑和温柔的语言多鼓励患者,打消患者的疑虑。

实践模拟:

请同学分角色扮演,模拟护士和患者,表演上述情境,可适当扩展,并互换角色。情景模拟完之后,讨论身处不同角色的感受,并请老师点评。

 思考与练习

一、名词解释

礼仪　护士礼仪

二、选择题

1. 关于礼仪的特点,错误的是(　　)。
　　A. 规范性　　　　B. 多样性　　　　C. 继承性　　　　D. 片面性

2. 关于礼仪内涵的描述,错误的是(　　)。
　　A. 礼仪是一种行为准则
　　B. 礼仪是一定社会关系中人们约定俗成、共同认可的行为规范
　　C. 礼仪不是一种情感互动的过程
　　D. 礼仪的目的是实现社会交往各方面的互相尊重,从而达到人与人之间关系的和谐

3. 关于礼仪与礼貌,(　　)的内涵要更深一些。
　　A. 礼仪　　　　B. 礼貌　　　　C. 两者一样　　　　D. 两者不具备可比性

4. 以下(　　)不是护士礼仪职业素养的外在表现。
　　A. 仪容仪表　　B. 语言　　　　C. 行为　　　　D. 道德

5. 护士在工作中可以佩戴(　　)。
　　A. 戒指　　　　B. 项链　　　　C. 耳环　　　　D. 护士帽

项目二 护士仪容礼仪

学习目标

1. 了解仪容礼仪的含义和基本原则。
2. 掌握护士工作时的仪容礼仪基本知识,包括工作发型的整理、面容修饰、眼神与笑容的运用、微笑的注意事项及肢体修饰等。
3. 熟悉护理人员化妆的原则与禁忌。

案例导入

护士小张今天中午刚参加完一个宴会,因为时间紧张,她没有卸妆就直接接班去照顾患者,结果她刺眼的浓妆、身上刺鼻的气味引来患者小李的强烈不满,因此在小张进行护理操作时小李有明显的抵触情绪,不愿配合。这令小张尴尬不已。

思考与讨论:
(1) 在与身边同学和朋友的交往中,你遇到过类似的问题吗?
(2) 你认为护理人员在上岗前应进行怎样的仪容修饰?
(3) 护理人员在化妆时的注意事项有哪些?

点评: 仪容是一种文化修养,也是一种无声的语言。在人际交往中,每个人的仪容都会引起交往对象的特别关注,并将影响到对方对自己的整体评价。护理职业有着其特殊的职业要求,护士所面对的主要是需要健康服务的人群,要使服务对象达到最佳的身心状态,良好的仪容礼仪是不可缺少的。护士仪容是指护理职业对护士外部仪容的要求,包括护士的头发、面部、颈部和肢体。

任务一 仪容礼仪概述

古人云,人要慧于中而秀于外,就是说一个涵养好、文化水平高的人,要注重自身仪容的修饰。讲究仪容美是设计美、创造美的过程,它是人际交往中人们都应遵守的礼仪规范。在长期的实践中,仪容能反映出一个人的品质素养,因此人们逐渐对护士仪容美的要求有一些共识并渐渐成为一种规范。

一、仪容礼仪的含义

仪容的含义有广义、狭义之分,广义通常指人的外貌,包括头发、面部、颈部和肢体,狭义主要指人的容貌,包括头发和面部。仪容礼仪的首要要求就是要有仪容美。它有三层含义:自然美、修饰美、内在美。

1. 仪容自然美

仪容自然美一般是指个人相貌先天条件好,天生丽质。这种仪容美往往是"清水出芙蓉,天然去雕饰",它是先天的,不用外在修饰,与个人的先天遗传因素有关,不可改变。倘若一个人天生丽质,无疑会令与其交往的人赏心悦目。但仪容美并不是只有长得漂亮的人才具备,因为实际生活中长得漂亮的人毕竟是少数,只要五官端正、整洁健康、乐观向上、语言文明、举止端庄,就具备了仪容自然美。这样既生动地体现了仪容自然美的个人魅力,又适时展示了人们崇尚美丽、向往自身美丽的愿望与心情。

2. 仪容修饰美

仪容修饰美是指依照规范与个人的先天条件,对仪容进行必要的修饰,扬长避短,设计、塑造出美好的个人形象。这种美是后天的,可以利用仪容修饰弥补先天所带来的部分缺憾。它包括自然修饰、表情修饰、化妆修饰。因此,仪容修饰美历来是仪容礼仪学习和实践的重点和难点,值得我们护理人员狠下功夫,切实掌握修饰美的实用本领,真正满足修饰美的各项要求,以便在护患交往中使自己显得有备而来,在患者心目中树立良好的个人形象,实现护患的交往目标,营造适宜的沟通环境,不断开创职业护理服务品牌的新局面。

3. 仪容内在美

仪容内在美是指通过不断的学习,提高个人的文化、艺术修养和道德水准,培养自己高雅的气质与美好的心灵,使自己秀外慧中、表里如一。与修饰美一样,内在美可以通过后天学习来弥补,事实上,这种高雅气质与美好心灵的有机结合,是文化底蕴的外在体现,完善了仪容美的整体内涵,成为仪容美的最高境界和个人修养的主要目标。

仪容内在美是最高境界,仪容自然美是人的心愿,而仪容修饰美则是仪容礼仪关注的重点。实际上,真正意义上的仪容美,是上述三种美的有机融合。三者紧密联系,缺一不可。忽略其中任何一种美,都会使个人的仪容美产生遗憾。

二、仪容礼仪的基本原则

人际交往需要面对面的近距离接触,因此,整洁、健康的仪容是最基本的礼仪要求。当一个人容光焕发地出现在他人面前时,虽然他要传递的信息尚未发出,但是对方已从见到的仪容上感知到了被尊重与重视。因此,对护士来说注重良好的仪容礼仪显得尤为重要。

1. 整洁卫生

整洁卫生是仪容美的关键,是礼仪的基本要求。一个人可以不美丽,但是绝对不能不整洁。一个人不管长相多好,服饰多华贵,若满脸污垢、浑身异味,那必然会破坏其美感。因此,每个人都应该养成良好的卫生习惯,做到勤洗脸、勤刷牙、勤梳发、勤洗发、勤洗澡、勤更衣,经常清除眼角、耳、鼻等处的分泌物;不在人前打扫个人卫生,如剔牙齿、掏鼻孔、挖耳屎、修指甲、搓泥垢等,否则,不但不雅观,也不尊重他人;与人交流时应保持一定距离,声音不要太大,不要对人口沫四溅。保持整洁卫生的形象是仪容美的基本要求,是个人素质的体现,也是尊重自己和他人的表现。

2. 适度修饰

俗话说"各人一个相,人人不一样",就是说仪容受遗传等先天因素的影响,差异较大。天生丽质当然在人体美上占有一定的优势,但后天的修饰和培养也是仪容的关键,"三分长相,七分打扮"就是这个道理。个人容貌是父母给予的,五官、皮肤的美感相对定型,有的天生丽质,有的朴素自然。在现实生活中,发型和面容要根据职业要求和个人的脸型特点来修饰。头发要长短适中,可因年龄、性别、身高、体形而异。面容化妆应自然得体,上班时,淡扫蛾眉,既可掩饰某些缺陷,又可令人精神振奋,让人感到充满活力。肢体的缺陷可以通过服饰弥补,凸显曲线美。这就需要我们懂得一些简单的美容常识,通过保养、修饰,扬长避短,有效弥补自身的缺陷和不足。此外,无论在生活还是在工作中都要把握仪容修饰的分寸,做到自然适度。

3. 协调一致

仪容修饰的协调一致要求修饰仪容时要使自己的化妆等个人修饰与自身整体协调一致。自身整体包括个人的年龄、身份、职业、道德、性格、全身服饰等。人们对仪容的认识和关注,不仅仅要求洁净的皮肤、端正的五官、优美的线条、精美的饰物,而是多方面因素的和谐统一,避免过分突出某一部分而破坏整体的和谐。

4. 注意营养与锻炼

食物营养是健康的物质基础,合理地平衡膳食有助于身体各器官的生长发育。长期坚持锻炼可促进血液循环,进而帮助新陈代谢的正常进行,使机体充分利用摄入的营养,提高自身素质,是保持健康自然美的最基本条件。此外,应注意合理使用保护性用品,使肌肤、头发保持健康。

5. 注重外在美与心灵美的统一

在适度修饰、协调一致的原则下塑造的仪容美不仅强调外在美,还强调内在美。护士应注重提高个人的内在素质,表现出具有自己个性特征的美好形象。如果缺乏了文明礼貌、知识才华、文化修养这层文化底蕴,所有外在的容颜、服饰、打扮、行为都会显得矫揉造作,缺少精神支撑。

任务二 护士仪容修饰礼仪

一、面部修饰礼仪

知识拓展

君子正其衣冠,尊其瞻视,何必蓬头垢面,然后为贤?

——《魏书·封轨传》

古人云,人身之有面,犹室之有门,人未入室,先见大门。仪容在很大程度上指的就是人的面容。护士每天都要与患者面对面地近距离接触,因此,清洁、自然的仪容是护士职业最基本的礼仪要求。面部修饰礼仪主要包括以下几方面。

1. 面部保养

护士应经常清洗面部,使之清洁卫生,同时注意面部保养,润肤保护,保持皮肤有充足水分,保证充足睡眠,放松身心,保证面部皮肤健康,防止因个人卫生不良而滋生痘、疖等皮肤感染情况,进而影响个人形象。

2. 修眉

眉毛虽然不属于五官,但是对于五官却有着美化的作用。若感到眉毛刻板或不雅观,可根据自身特点做必要的修饰,使之适合自己。修眉应顺着眉毛的生长方向将多余眉毛修除,使眉的线条清晰、整齐、流畅,见图2-1。

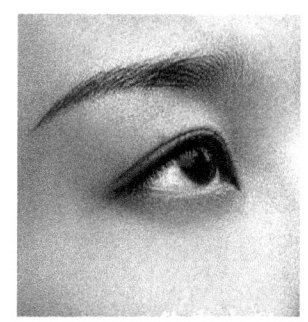

图2-1 标准眉

知识拓展

标准眉分为眉头、眉峰、眉尾。眉与眼的距离大约是一眼之距,眉头在鼻翼或眼角的垂直延长线上,眉峰在眼睛正视前方时外缘向上的垂直延长线上,眉尾在鼻翼外缘与眼尾连线的延长线与眉尾相交处,眉头和眉尾基本保持在同一水平线上。

3. 眼部

(1) 清洁。眼睛是他人注视最多的地方,因此应首先注意保洁,在避开他人视线的情况下及时清除眼部的分泌物。

(2) 眼镜。佩戴眼镜的护理人员要注意保持眼镜的清洁、美观、舒适、方便、安全与完整。工作场合或社交场合不能戴太阳镜或墨镜,以免给人以拒人千里之外或不安全的感觉。此外,隐形眼镜会使角膜无法接触空气,无法正常代谢,抵抗力下降,长期佩戴易导致视觉疲劳、干眼症,引发眼球过敏等,因此,如非必要,尽量选择有框眼镜。

4. 鼻部

(1) 清洁。注意鼻腔清洁,不让异物堵塞鼻孔,不要随处吸鼻子、擤鼻涕,不在人前挖鼻孔。特殊情况下需要清理鼻涕时,应以手帕或纸巾辅助,并尽量避免发出过大声响,禁止吸鼻。

(2) 修饰。如鼻毛长出鼻孔之外,应及时修剪,不要置之不理,更不要当众拔去。

5. 口部

(1) 清洁。保持口腔清洁,口内无异味是口腔清洁的基本要求。要做到这一点,必须做到三点。① 每天晨起、饭后、睡前漱口、刷牙,经常用爽口液、牙线、洗牙等方式去除口腔异物以保护牙齿。② 上班或应酬之前忌食有刺激性的食物,如酒、葱、蒜、韭菜、腐乳等。如已食用,可及时刷牙、咀嚼茶叶或口香糖以除异味。但与人交流时,不可咀嚼、剔牙,以免对人不敬。③ 特殊情况下须清理口腔、气管异物时,应以手帕或纸巾辅助,并尽量避免发出过大声响。

(2) 健康。若有口腔炎、胃炎、胃溃疡、咽喉分泌物过多等健康问题,口腔会有难闻的异味。这不仅说明你的个人卫生不够好,也会使你旁边的人感到不舒服。你应及时就医诊治,以免延误病情、失礼于人。

(3) 异响。在公众场合,除谈笑声外,像咳嗽、打哈欠、打喷嚏、吐痰、清嗓和呃逆等发出的声音都是不雅之声,统称异响,在正式场合和礼仪应酬中应严防出现。若别人在大庭广众之下不慎出现异响,最明智的做法是当作未听见,若自己不慎发出声响,应及时向身边的人致歉。

(4) 修饰。唇部没有汗腺,很容易干裂。与他人近距离交流时,嘴唇干裂也是很不礼貌的。男士也要保持嘴唇的滋润,整年都可以使用润唇膏防裂,选择无色、滋润型唇膏,只要轻抹一点,让唇部有滋润度即可。女士在社交场合使用浅颜色的口红会显得更精神、自信。唇间长有胡须,是男士的生理特点。男士若无特殊宗教信仰和民族习惯,最好不要蓄须,并应及时修须。

6. 耳部

(1) 清洁。在洗脸、洗头、洗澡时应记住清洗耳郭,必要时还要清除耳朵内的分泌物。

(2) 健康。若有冻疮、内耳疾患等问题将会影响个人形象、失礼于人,应注意保护与及时诊治。

(3) 修饰。若耳毛长出耳朵之外,应及时修剪,不要置之不理,任其自由发展、随意飘摇,失敬于人。

7. 颈部

颈部与头相连,属于面容的延伸部分,因此应经常清洗颈部,使之清洁卫生,同时注意颈部皮肤保养,防止颈部皮肤过早老化与面部皮肤产生较大的反差。

二、妆容修饰礼仪

俗话说"三分长相,七分打扮",成功的化妆是展示良好职业形象的关键手段。化妆是指用化妆品按照一定的化妆技法对自己进行修饰打扮,使自己更加靓丽。化妆需要遵循一定的原则和礼仪规范。在人际交往中,化妆能遮盖或修补容貌的缺陷,使人神采奕奕,陶冶情操,使自己舒心惬意。此外,化妆品的合理使用,还可起到保养皮肤、延缓衰老的作用。因此,进行适当的化妆是必要的,这既是自尊的表现,也意味着对交往对象的重视。成功的化妆能展示良好的职业形象。护士在工作岗位是否需要化妆?对此,不同的人有不同的观点。一部分人认为,护士打扮得光彩照人容易与面黄肌瘦的患者形成对比,增加患者的压力,因此,护士不需要化妆。一部分人认为,每个人都有追求和享受美的权利,患者的形象不佳不等于他不接受美好的事物,相反,美好的形象能激发患者对美的事物的追求,从而起到心理治疗的作用,因此,护士应该化妆。还有一部分人认为,化妆纯属个人问题,可化可不化,别人无可厚非。根据护士的职业特点,我们认为护士在工作岗位上可化淡妆,其目的是体现得体大方的职业风貌,展示护士对工作的认真和爱岗敬业精神,激发患者对美好事物的追求和恢复健康的强烈欲望,但应明确目的,针对特点,掌握原则,注意禁忌。

(一)化妆的原则

1. 美观端庄

化妆的目的是使自己变得更加美丽漂亮,衬托容貌,体现品位。因此,在化妆时要根据个人的面部特点,适度矫正、修饰得当,使人在化妆后扬长避短。化妆时,不要从众跟风或者自行其是,寻求新奇独特,有意无意将自己老化、丑化、怪异化。

2. 淡雅自然

通常化妆要求美化、生动、具有生命力,更要求真实、自然、天衣无缝。化妆的最高境界是自然而然,即没有人工美化的痕迹,而好似天然生成得如此美丽。护士的妆面应以表现健康为主,整体给人的感觉应是洁净、大方、高雅、自然,切忌浓妆艳抹。

3. 得体协调

化妆是一门艺术,化妆成功取决于个人良好的审美观和修饰技巧。高水平的化妆,强调的是整体效应,因此化妆时要讲究个性、身份、场合得体适宜,以体现出自己慧眼独具、品位不俗的气质。得体协调主要包括以下几点。

(1)妆面协调。针对个人面部特点,化妆部位色彩搭配、浓淡应协调。

(2)全身协调。面部化妆还需与发型、服装、饰物相协调。色彩与服装色调应属同一色系,如穿粉红色工作服应用粉红色口红或唇彩,以自然出色为佳,不宜选用靓丽的红色或者黑色等。护士工作时,指甲油颜色应以无色透明为宜。

(3)身份协调。人们在人际沟通前要考虑自己的职业特点和身份,采用不同的化妆方式。化妆要表现出一定的人格魅力,不能太俗和太单调。

(4)场合协调。化妆要与场合要求一致。如在护理工作场合下,宜化淡妆。

(二)简易化妆的方法

护士的工作妆要求端庄,要严谨、规范,符合身份及年龄,能够体现美好的职业形象,体现护士高雅的气质。基本的化妆程序大致分为以下几步。

1. 束发

将头发向后梳拢,不使散发影响化妆。

2. 洁面护肤

用温水洗净面部与颈部的污物并擦干,用爽肤水轻轻拍整个面部和颈部,再涂以护肤液。

3. 涂粉底

涂粉底的目的是遮盖瑕疵、调整肤色和脸型，使皮肤具有平滑、细腻的质感。通常选用与自己肤色接近的粉底霜或粉饼，从内到外、由上至下细致涂抹，做到厚薄均匀，不宜过厚，切忌忘记颈部位置。

4. 面部化妆

（1）眼线。眼线可以修饰眼形，突出眼睛的立体感。画眼线时一般要画得紧贴眼睫毛，上眼线要长一些，从内眼角眼睫毛根部向外描画，下眼线从眼尾向眼睑中部画，在外眼角处不与上眼线交合，使双眼显得大而充满活力。

（2）眼影。眼影意在强化面部立体感，用眼影棒或眼影刷蘸取合适的眼影，沿着睫毛边缘，于眼尾处向内眼角方向1/4处涂抹，突出眼影的层次感。眼影的颜色要与服饰协调，多用单色。

（3）睫毛。上睑的睫毛用睫毛刷从睫毛根部向睫毛梢纵向染，下睑的睫毛要横向涂染。

（4）画眉。根据自己的年龄、性别、眉形和脸型画眉。掌握"从粗到细、从浓到淡"的原则，眉头最粗、颜色最淡，眉峰最高、颜色最深，眉尾最细。

（5）涂唇膏。选滋润型、鲜艳度低的唇膏将唇面涂匀。

5. 整体修饰

化完妆后，要看左右面部妆容是否对称、过渡是否自然，整体发型、妆容、服饰是否协调，对不完善之处进行修补，从而使化妆效果更佳。

（三）化妆的禁忌

化妆是修饰仪容的一种方法，是职业人士知礼的外在表现，但在化妆过程中如不注意遵循基本礼仪规范，将适得其反。

1. 禁忌当众化妆

工作妆一般在上班前或在专用的化妆间完成。无论是在办公室、护士站还是在其他社交场所，当众化妆都是不合适的。在众目睽睽之下化妆有卖弄表演或吸引异性之嫌，既有碍于人，也不尊重自己。护士更应切忌在患者面前化妆。

2. 禁忌妆面出现残缺

上班或用餐时出汗等容易使妆面残缺，护士应及时自查，防止妆容出现残缺，一经发现应及时避人补妆，否则将给人一种懒惰之感。补妆时应在化妆间、休息室、更衣室、洗手间等无人场所进行。

3. 禁忌技法错误

化妆是一门技术，如果不熟悉化妆的方法，会使化妆起到相反的作用。例如，画眉要突出眉头、眉峰、眉尾的位置，画出眉毛的立体感、自然感。

4. 禁忌离奇出众

化妆的目的是使自己变得更加美丽漂亮。除非为了舞台效果，化妆应避免追求新奇的妆容、过浓的艳妆，要遵循自然的原则。

5. 禁忌借用他人化妆品

化妆者应随身携带补妆的化妆品，借用他人化妆品既不卫生，也不礼貌，故应避免。

6. 禁忌评论他人的化妆

化妆是一种私人行为，而且不同的民族其肤色和文化素养有差异，对化妆有各自不同的习惯和风格，切莫自以为是地对他人的化妆加以评论或非议。

7. 禁忌不卸妆

化妆品对皮肤有一定程度的损害，化妆者临睡前要用洁面乳或洗面液洗脸，用温水冲净擦干，不要让化妆品留在面部过夜。

三、发部修饰礼仪

著名造型师吉米说过"人们穿衣服随意一点可以,但是发型是整个精神面貌的焦点,就一定不能马虎"。

头发为人体之冠,在人际交往中,从古至今,人们都十分重视对头发的梳理,以表示尊礼重道。美观、大方的发型可以体现出人们富有朝气的精神面貌,更能给人一种整洁、洒脱、文雅、活泼的感觉。原则上在修饰头发仪容时要整洁简约、得体大方。要使自己有整洁、得体的发型,在修饰头发仪容时应做到如下几点。

(一)清洁健康

护士应当自觉地做好头发的清洗、修剪和梳理,使之干净、整齐、无头屑,以维持完美的个人形象。污垢停留在头发上,会吸收油分和水分,易使头发干燥,引起静电,静电又易使头发吸收污垢,这种恶性循环会加速头发发质的受损。可以通过科学洗发来保持头发健康,使之有光泽和弹性。洗发的周期可根据环境、季节、头发的发质来确定,一般每周1~2次。一般人的发质分为干性、中性、油性三种。油性发质的人可适当增加洗发次数,但要注意防止因洗发过于频繁造成的头发干枯现象;干性发质的人可减少洗发次数。洗发时宜用40度左右的温水,若水温过热,会减少头皮所需的油分,损伤发质。洗发时,以指腹揉搓发根、头皮,以免损伤皮肤。

(二)长短适中

作为护理人员,无论男女头发长度适中即可,男女都不应走极端,以致出现不男不女的现象。

(1)男性护理人员。男士一般都会选择短发,这样显得专业、干练。可留平头、分头,也可稍长,但不宜长发披肩或梳成小辫或挽成发髻,应做到不留长发,不剃光头、不染发、烫发,不理碎发,做到前不遮眉、后不及领、侧不掩耳,不留怪发型。

(2)女性护理人员。通常女士可留短发,显得精神干练,但一般不理寸头、光头。同时不应把头发染得五颜六色,把发型弄得怪异新奇。若是短发,头发自然后梳,两鬓头发置于耳后,不可披散于面颊,需要时可用小发卡固定。中长的头发前后以刘海儿不挡住眉、眼,后面不超过领线为宜,否则应挽起或用网兜兜住。若是长发,在工作期间应将其紧紧盘绕在脑后,可以用发卡或者头花固定,也可以直接戴网套,给人以精干利落的印象,同时也减少因长发披肩而导致的污染。

护理人员工作期间头发修饰后的长短原则为前不遮眉、后不搭肩、侧不掩耳。

(三)发型得体

1. 发型与年龄相配合

年轻人发型的线条要简洁、流畅,不宜复杂,使其富有青春活力。年长者不宜留过长的长发,给人一种幼稚的感觉,最适宜的发型是简洁的短发,给人以稳重、亲切、精神、利索的感觉。如果留长发,应盘成较低的发髻,这种发型给人以高贵、典雅而又温婉可亲的印象。

2. 发型与脸型相配合

每个人的脸型不可能都长得标准,此时可借助发型来修饰脸型。椭圆形脸是东方女性的标准脸型,各种发型均合适。圆脸女性可将头顶头发梳高,会使脸部显得长一些,也可利用头发遮住两颊,使脸颊宽度减少。长脸女性可留刘海儿,也可将头发梳成两边饱满的发髻,使脸型丰满。其他脸型的发型选择应以能扬长避短为宜。

3. 发型与体形相配合

人的体形有高矮、胖瘦之别,发型是体形的组成部分,不同体形应选择不同的发型与之相适应。身材瘦长者可以选择飘逸长发,不宜盘高发髻或将头发削剪得太短。体形瘦小者应选择精巧别致的短发,或高盘的发髻,不宜长发披肩。体形高大者宜留简洁的短发。体形矮胖者可选择有层次的短发,亮出颈部以增加一定高度,整体保持向上的趋势。

4. 发型与职业相配合

发型能反映出一个人的文化素养和品位。职业女性应梳清秀典雅的发型,体现稳重、干练、成熟的特征。护理行业的发型以干净、利索为美。

5. 发型与场合、服饰相配合

发型应与场合、服饰相配合才能体现整体美。庄重场合穿礼服时,可将头发挽成发髻,显得端庄、高雅;穿运动装时,可将头发束起,给人以活泼、潇洒的感觉;穿工作服时应梳理成与职业相适应的发型。总之,发型的变化很多,必须与场合、服饰配合恰当才会给人以整体美的印象。

(四)发饰端庄素雅

护理人员原则上不宜佩戴颜色艳丽的发饰、发网,而应采用与头发颜色同色系的发饰,以端庄素雅的颜色为主色调,并避免过于鲜艳、夸张的发饰。

四、表情修饰礼仪

表情是一种无声的体态语言,可以以不同的形式表示出人们变化的内心世界,每一细微变化都可能向外界传递某种信息。因此,表情是护士与患者相互交流的重要形式之一。面部的表情主要是通过眉、眼、口、鼻协同面部肌肉来表达。眼是传递信息最有效的器官,眉是眼的伙伴,两者联合起来就可以眉目传情。口、鼻协同面部肌肉亦能表达情感。通常这一部分不是分别表达情意,而是协同行动,共同表达、传递情感。

护士的面部忌出现高傲、冰冷、厌烦、嘲笑或其他不好的表情,应亲切、自然、沉稳,给人以安全的信赖感,使患者感受到生活的美好,从而有利于护患交流与合作,有利于患者康复。在临床工作中,护士一定要学会正确地运用表情。在千变万化的表情中,眼神和微笑的运用是至关重要的。

(一)眼神

眼睛是心灵的窗口,即使看不到整个面部表情,它也可以明显、自然、准确地展示人内心深处所有的语言、感情、态度、情绪等心理活动。(见图2-2)所以有人说人的眼睛和嘴巴说的话一样多。眼神是传递信息十分有效的途径和方式。眼睛是护士传递、接受信息最多的方式之一,护士必须熟练掌握与运用。这种借助于眼神所传递的信息称为眼语。它的构成包括部位、角度、时间、方式、变化五部分。

图2-2 眼神

1. 部位

部位是指人际交往中目光所及之处。按照礼仪要求,当与人相处时,可以注视对方的双眼,表示自己在全神贯注地倾听对方的谈话,但时间不宜过久,以免双方尴尬。不宜注视其头顶、大腿、脚部或手部等,或是目中无人。对异性而言,通常不应注视其肩部以下,尤其是不应注视其胸部、裆部、腿部。社交、公务场合允许注视的常规部位有双眼、额头、眼部至唇部。护士在与患者进行交往时,其目光注视的部位往往与双方距离的远近及工作内容有关。在接待患者或与患者交谈时,可将对方的整个面部作为注视区域,并要注意最好不要聚集一处,以散点柔视为宜。在给患者进行护理操作中,可将病变部位、护理部位作为注视区域;双方相距较远时,要以对方的全身作为注视区域。

2. 角度

角度是指目光发出的方向。在与他人交往时,目光的角度反映出与交往对象关系的亲疏远近。护士在工作中需在不同的场景采取不同的注视角度。护士在接待患者或家属时应使用正视(平视,视线呈水平状态),表示双方地位的平等;在为卧床患者进行各项操作时常用俯视(低头向下注视他人或部位),以示爱护之意。侧视是正视的一种特殊情况,护士居于患者一侧时,应面向对方,平视看对方。仰视是抬头向上注视他人,工作中很少用到。睨视,即斜着眼睛注视,多表示怀疑、轻视,一般禁用,应与侧视相区别。

3. 时间

时间是指交往双方注视对方的时间长短。交谈中听的一方通常应多注视说的一方。注视的时间不同,代表的意义不同。若谈话时心不在焉,东张西望,或由于紧张、羞涩不敢正视对方,注视对方的时间不足全部时间的1/3,表示瞧不起对方或没有兴趣,不易赢得对方的信任。注视对方的时间占全部时间的1/3左右,则表示友好。若注视对方的时间占全部时间的2/3,表示关注对方,用于听取报告、请教问题或护士为患者进行入院评估。若注视对方的时间超过了全部时间的2/3,表示对对方产生了敌意或产生了兴趣。

4. 方式

方式是指社交场合注视他人的方式。在社交场合注视他人的方式很多,如直视、凝视、盯视、虚视、扫视、环视、睨视、眯视、他视等。但护士在与患者交流时宜采用直视。直视是指直接注视交往对象,表示认真、尊重,适用于各种情况。若护士直视对方的双眼,称对视,表明自己大方坦诚,关注对方,使对方感到备受尊重。

5. 变化

变化是指在人际交往中,注视对方时眼睑的开合、瞳孔的变化、眼球的转动、视线的交流等。

(1) 眼睑的开合。人的内心情绪变化或情感传递,会使其眼睛周围的肌肉运动,从而使其眼睑的开合也产生改变,如瞪眼、眯眼、闭眼、眨眼等。

(2) 瞳孔的变化。瞳孔的变化往往也不由自主地反映着人的心理活动,平时变化不大。若突然变大,发出光芒,表示惊奇、喜悦、感兴趣;若突然缩小,黯然无光,表示伤感、厌恶、毫无兴趣及无所谓。

(3) 眼球的转动。若眼球反复转动,表示在动心思。若悄然挤动,表示暗示。

(4) 视线的交流。在人际交往中,与他人视线的交流常可表示特殊含义,如爱憎、尊敬、补偿、威吓、回绝等,其具体做法因人、事而异。与他人交往,不交流视线不行,交流视线不当也不行。

在人际交流中以上部分时时变化,协同行动,共同演绎着情感传递。

护士与患者交流时应适当运用眼语,一般与老年患者交流时,目光应表示恭敬;在患儿面前应表示爱心;对康复患者应表示祝贺;对失去亲人的家属应表示同情、哀思,避免有鄙视、蔑视、轻视的目光。此外,当护士在病房与众多患者交流时,要注意目光注视的均衡性,即不时地环视(指有节奏地注视不同的人员或事物,适用于同时与多人交往,表示自己一视同仁),使目光落在每个人身上的时间和次数大致均等,避免注视的失衡性,让人产生被冷落或被轻视的感觉。此外,护士还应会阅读对方目光的语言,从患者的目光变化中分析其内心活动,以便及时给予优质护理服务;同时特别要注意患者疑虑、忧伤、烦躁、惊恐、喜悦的目光表达,以便及时调整自己谈话的内容。

（二）微笑

笑容是人们在笑的时候所呈现出的面部表情，其通常表现为脸上露出喜悦的表情，有时还常常伴以口中所发出的欢喜的声音。笑容是一种令人感觉愉快的，既悦己又悦人，可以发挥正面作用的表情。它是人际交往的一种润滑剂。笑容是一种世界通用的语言，可打破语言和国度的界限。古人云"笑一笑，十年少"，说明适度的笑是有利健康和修身养性的。护理工作人员的微笑能减轻患者的疾苦，促进患者身体健康。因此微笑是护理工作的一个重要组成部分。

在所有笑容里微笑是最受欢迎、最自然大方且最为真诚友善的，因此，被称为基本笑容或常规表情。它是礼貌待人的基本要求，是心理健康的一个标志。特别是对于医护人员来讲，一个关心的微笑，会大大缓解患者身心的痛苦和压力，因此应用最广。微笑是美的象征，是礼貌的表示，是爱心的体现，更是护理工作的一种常规面部表情，是优质护理服务不可缺少的重要内容。

1. 微笑的本质

微笑的本质在于自信、热情、友好，微笑是其最充分、最全面的体现。它可以展示出心境良好、充满自信、真诚友善、乐于敬业的品质和性格。护士的微笑可以使患者自然放松，缓解紧张，消除误会、疑虑和不安，因此，微笑被视为参与社交的通行证。

2. 微笑的作用

微笑是人际交往的常规表情或标准表情。同事的微笑会使你感到心情舒畅；老师的微笑会使学生增添信心；护士的微笑会给患者带来温暖和希望，从而增添战胜疾病的勇气和信心。护士严肃抑郁的面部表情会让患者情绪低落、萎靡不振。护士微笑的面部表情给人一种亲切感，可以感染和调节患者的情绪，缩短护患之间的距离，消除护患之间的陌生感和恐惧感，让患者感到温馨，心情愉快，可在一定程度上驱散患者的烦恼和忧郁，创造和谐的病房气氛。此外，护士的微笑是护患交往的润滑剂。当护士与患者产生纠葛时，微笑可以消除双方的隔阂。若护士能以微笑面对患者，往往可以消除误会，用文明的方式解决问题。护士在工作中若能从微笑开始，以微笑结束，必然会获得患者的满意，从而取得良好的护理效果。

3. 微笑的方法

微笑是一种健康、文明的举止，微笑一定要坦诚，发自内心，切不可故作笑颜、假意奉承。如何使笑容显得更加可爱、美丽，也是非常需要注意的问题。微笑时面部肌肉放松，眉头自然舒展，双眉微微上扬，目光柔和发亮，双眼略微眯大，嘴角微微向上翘起，嘴唇略呈弧形，以不露牙齿或者露出上齿的六至八颗牙齿为宜，使面部看上去显露笑意。（见图2-3）笑时不牵动鼻子，不发出声音，但必须注意使眉、眼、鼻、口、齿以及面部肌肉相互协调，同时与相应的眼神配合，只有如此微笑才会发自内心，渗透感情，自然流露，否则便会笑得十分勉强、做作、虚假，变成皮笑肉不笑，甚至媚笑、奸笑等。同时，微笑不是静态的，与人交流时面部一样可以呈现笑意、声情并茂。

图2-3　笑脸

4. 微笑的练习方法

（1）咬筷子练习法。面对镜子，用门牙轻轻地咬住筷子，把嘴角对准筷子，两嘴角微微翘起，连接嘴唇两端的线与筷子在同一水平线上，保持这种状态10秒钟后，轻轻拔出筷子，维持原状。

（2）e音微笑练习法。对着镜子发英文字母e音，同时注意发轻音。

5. 微笑的注意事项

（1）微笑要掌握要领。微笑是护士最好的"化妆品"，因此应掌握微笑的要领，合理运用。

（2）微笑要自然真诚。护士的微笑应当"发乎情，出乎心"，即声情并茂，才能体现美好的心灵，透出内心的纯真，这才是自然大方的流露，是真诚友善的传递。笑的时候表里如一，才会令笑容与举止、谈吐相辅相成，锦上添花。护士只有用诚心托起的微笑才会让患者和家属感到信任与尊重，才能建立和谐的护患关系。（见图2-4）

（3）微笑要表现和谐。微笑从直观上看就是眉、眼、鼻、口、齿以及面部肌肉和声音所进行的协调行动。因此在笑的时候，要使各个部位的运动和谐到位，否则就会出现失真、毫无诚意、毫无美感的笑。

（4）微笑要注意适度。任何事情都有"度"，应当善于把握而不能随意滥用。微笑要适应场合与环境需要，不合时宜的笑会适得其反。

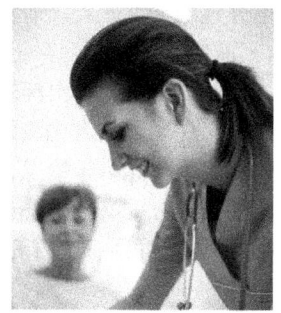

图2-4 微笑服务

例如，护士面带微笑地告诉患者家属一个不幸的消息时，就会有幸灾乐祸的嫌疑。同时，护士在工作场合不能出现失礼、失仪的笑，如矫情造作的假笑、幸灾乐祸的暗笑、话中带刺的讥笑、阿谀奉承的媚笑、看人出洋相的窃笑、不怀好意的狞笑等，这些都会破坏护士的整体形象。因此，护士应在适宜的场合适宜地笑，让笑发自内心，更有魅力。

五、肢体修饰礼仪

肢体是礼仪的载体，是礼仪活动中的重要组成部分，许多礼仪形式都是通过肢体各部位器官的协调一致来完成的，所以，肢体的修饰也同样不可忽视。

（一）上肢的清洁和修饰

1. 手

手是人体最灵活的器官，也是人际交往中使用最多的部分，因此，手被称为人的第二张名片。在临床护理工作中，绝大部分的护理操作都是通过护理人员的手来进行的，因此，护理人员的手的清洁与卫生对防止交叉感染及维护护理人员的形象来讲尤为重要。

（1）洗涤。在我们的日常生活和工作中，无论是献茶、敬酒，还是握手、递名片、签字等，我们的双手始终处在醒目之处。对于工作岗位上的护士来说，手也是接触人和其他物体最多的地方，出于清洁、卫生、健康的考虑，双手要洗得更勤一些。用餐之前、接触食物或精密仪器之前、拿过脏东西、去过洗手间、护理患者前后的洗手的重要性更加明显。

（2）护手。手是人的第二张脸，除了要养成勤洗手的习惯外，还要保护好它，及时涂抹护手霜。一双保养良好、干净、有质感的手，会给人以美感。而一双粗糙、有损伤或看起来不干净的手，往往会影响到别人对你的印象。若有皮肤病不仅要及时治疗，而且应尽量避免与他人接触。

（3）指甲。首先，不要留长指甲。护士不许留长指甲，因为长指甲容易藏污纳垢，给人以不卫生的形象，同时护理操作中也易误伤患者。因此，指甲一定要经常修剪。修剪时，应同时清洁。为了美观和时尚在指甲上涂抹彩色指甲油或艺术绘画，这与护士的身份、工作不协调。此外，禁止在任何公众场合出现修剪指甲或者用牙齿啃指甲等不文明、不礼貌、不卫生、不雅观的举止。

2. 肩臂

职场人员最好不穿无袖礼服，避免腋下"走光"。社交礼仪要求，在正式的政务、商务、学术、外交活动中,人们的手臂,尤其肩部,不应当裸露在衣服之外。护士更不宜穿无袖装工作,这是修饰手臂最重要的一点。此外,如果手臂有缺陷,如有恐怖的疤痕,则不宜着短袖工作服,应着长袖工作服,给人以良好的印象。

3. 腋下

(1) 腋毛。腋毛属于个人隐私,在他人面前,尤其是在外人或异性面前,是不应当为对方所见的,被人看到很失礼。这在他人眼中是极不美观的,尤其是女性更应注意。在正式场合不要穿会令腋毛外现的无袖服装。而在某些特殊场合,如晚宴、酒会,需要穿无袖外衣或礼服时,应注意剃除腋毛,不能使其外露。

(2) 气味。人体出汗时,腋下的汗腺就会产生气味。尤其是夏天,如不勤洗澡,会使体味加重,严重时会让周围的人无法忍受。腋下的异味会毁掉一个人在职场中的良好形象,在我国,绝大部分人对这种气味都很敏感,无论你多么有才能,如有这种气味都会成为不受欢迎的人。缓解腋下气味的最佳方式有勤擦洗、勤更换衣物或者使用一些去除异味的产品,如香水。如果是健康问题引起的气味,可到专业医院治疗,如腋臭。

(二) 腿脚

在人际交往中,人们常常有"远看头,近看脚,不远不近看中腰"的习惯,腿脚虽然只是一个人职业形象的一小部分,却是整体形象的一个闪光点,在近距离之内常为他人所重视,在修饰仪容时不可偏废。

1. 腿部

在正式场合,男士不应暴露腿部,即不宜穿短裤。女士在正式场合可以穿长裤、裙子,但不应穿短裤或过于暴露的超短裙。护士若着裙装时裙长过膝,但不应超过护士服下摆,并配以肉色或浅色的长袜。无论是长袜还是短袜,袜口均不能露在裙摆或裤脚之外。

知识拓展

礼貌腿

所谓礼貌腿就是长腿的男性们为了照顾娇小的女性朋友或同事,在交谈时采用劈叉、屈膝等降低自己的姿势,其中以劈叉的姿势最为多见。礼貌腿是大长腿偶像们绅士的表现,在身高较高的女性身上也适用。

2. 脚部

(1) 保持清洁。人在行走时,脚部运动最多,也最容易出汗,在正常情况下,应保持脚部的卫生,所以,我们每天要勤洗脚,勤换鞋子和袜子。如果不认真清洗脚部,就很难有清洁可言了。勤洗脚不仅是礼仪的需要,也是健康的需要。为了避免脚臭,我们还应该勤换袜子,尽量做到每天一换,避免穿有异味的袜子。同时,穿着被染色和已经被污染的袜子也是不礼貌的。必须勤换鞋子,避免其内部产生异味。平时还须注意鞋子保洁的问题。在穿鞋前,务必要细心清洁好鞋面、鞋跟、鞋底等处。

(2) 严禁裸露。一般在正式场合应穿袜子,否则既不美观又可能被人误会。护士上班时,应穿规定的工作鞋,并做到清洁、舒适、方便、美观,不可穿一些有可能使脚部过于暴露的鞋子,如拖鞋、凉鞋、镂空鞋。此外,不要在他人面前脱下鞋子,更不要脱下袜子搔抓脚部。这类不良习惯有损个人形象。

(3) 鞋子礼仪。在一般场合,男性均应该穿没花纹的黑色平跟皮鞋,女性穿黑色半高跟皮鞋。在礼仪场合,绝对禁止穿露脚趾的皮凉鞋。旅游鞋、布鞋等与西装都是不相配的。在西方国家,会议、谈判、舞会、庆典、拜访或接待重要的贵宾等场合,都是绝对不允许穿凉鞋的,否则会被认为缺乏教养、不懂礼貌。

（4）袜子礼仪。袜子的穿着也是重要一环。在礼仪场合,绝不能光着脚穿鞋。在正式或半正式场合,男性应穿颜色素净的中长筒袜子,这样可避免坐下谈话时露出皮肤或浓密的腿毛。袜子颜色以单色深色最好,带有不显眼的条纹、方格图案也可以,但色调应比裤子深一些,以使它在裤子和鞋之间呈现一种过渡色。女性着长裙、旗袍,应配以肉色长筒丝袜最为得体,浅肉色可以使皮肤罩上一层光泽,显得细腻娇嫩,深肉色可以给人一种修长健美的感觉。长袜的长度一定要高于裙子下部边缘,且留有较大余地,否则一走动就露出一截腿来极不雅观。

在正式场合着裙装,不穿袜子也是很不礼貌的。职业女性都应当在办公室或工作场所预备好一两双袜子,以备袜子被钩破时换用。外出工作时最好也备有几双袜子,尤其在和日本客人打交道时更应如此,因为在进他们的餐厅小间时,要脱去鞋子换上拖鞋。若此时袜子有破洞或不整洁就很尴尬了。

总之,鞋袜的选择要注意与整体装束搭配,其颜色至少应当与皮带、表带等保持一致,这样才能体现出穿着的整体美。

 案例评析

案例：

小刘是镇卫生所的一名护士,虽然在一个偏僻的小镇上工作,但小刘十分追求时尚,烫着一头金色的卷发,平时也总喜欢化较浓的妆。不仅如此,她有意只接待年轻靓丽的患者,而穿着朴素、身上不太干净的务农患者,她总是推脱给其他同事,有时其他同事忙不过来必须她接待的时候,她也是一个微笑都没有。领导跟她谈话,希望她注意一下这些细节,她却颇感委屈,"该进行的护理工作我都认真完成了呀"。

评析：

护理行业是专业性很强的服务性行业之一,具有其特殊的职业要求,与之相伴的仪容礼仪也存在一定的规范。

发型能反映出一个人的文化素养和品位高低。职业女性应梳清秀典雅的发型,体现稳重、干练、成熟的特征。护理行业的发型以干净、利索为美,同时,不应烫染奇怪的造型和颜色,应以简洁大方为主。

微笑的本质在于自信、热情、友好,微笑是其最充分、最全面的体现。它可以展示出心境良好、充满自信、真诚友善、乐于敬业的品质和性格。护士的微笑可以使患者自然放松,缓解紧张,消除误会、疑虑和不安,因此,微笑被视为参与社交的通行证。护士对待患者应一视同仁,跟不同教育水平和文化层次的人交流应该尽量使用不同用语,应多用微笑和温柔的语言鼓励患者。

实践模拟：

同学两个分为一组,首先进行护士表情礼仪规范的模拟,包括眼神、微笑等表情的合理运用;其次,有条件的话互相帮对方进行简单的化妆礼仪规范模拟,或者找到相应化妆图片进行辨别;最后请老师进行点评。

 **思考与练习**

一、名词解释

仪容礼仪(广义)　仪容修饰礼仪　表情修饰礼仪

二、选择题

1. 仪容美有三层含义,其中以下(　　)是错误的。
   A. 自然美　　　　B. 修饰美　　　　C. 体态美　　　　D. 内在美
2. 仪容礼仪的基本原则不包含(　　)。
   A. 整洁卫生　　　B. 适度修饰　　　C. 协调一致　　　D. 注意外在美
3. 仪容修饰礼仪不包含(　　)。
   A. 微笑修饰礼仪　　　　　　　　　B. 妆容修饰礼仪
   C. 发部修饰礼仪　　　　　　　　　D. 表情修饰礼仪
4. 表情修饰礼仪主要有(　　)。
   A. 鼻子　　　　　B. 微笑　　　　　C. 耳朵　　　　　D. 嘴巴
5. 以下几种笑容符合礼仪规范的是(　　)。
   A. 含笑　　　　　B. 微笑　　　　　C. 狂笑　　　　　D. 讥笑
6. 以下(　　)最受欢迎。
   A. 含笑　　　　　B. 微笑　　　　　C. 狂笑　　　　　D. 讥笑
7. 发型得体不包含(　　)。
   A. 发型尽量年轻　　　　　　　　　B. 发型与脸型相配合
   C. 发型与体形相配合　　　　　　　D. 发型与职业相配合
8. 化妆的原则,以下(　　)是错误的。
   A. 美观端庄　　　B. 淡雅自然　　　C. 得体协调　　　D. 不能残缺

项目三 护士服饰礼仪

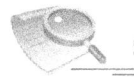

学习目标

1. 了解服装与配饰的功能与穿戴原则。
2. 了解护士服饰发展的历史。
3. 掌握护士职业服装、饰品佩戴的要求与遵循的原则。

案例导入

某医院护理部的两位老师到某护理学院挑选优秀实习护士。面试当天,学校要求参与面试的学生均着护士服。学生王某(女)为引起老师关注,特意戴上漂亮的黄金手镯,耳朵上也戴着一对闪闪发光的白金耳环,脚上还蹬着一双12厘米高的高跟鞋;而另一位学生张某(男)也同样如此,脖子上戴着一条金链子,裤子是最新潮流的破洞装。王某和张某在其他项目中的表现都不错,但最终面试却没能通过。

思考与讨论:

(1) 你在面试护士时考虑过面试穿着的问题吗?你是如何处理的?
(2) 本案例中,老师们为什么将王某和张某淘汰了?在服饰方面王某和张某有哪些不足?
(3) 在进行护理服务前,我们应该如何注意自己的服饰礼仪?

点评: 古今中外,着装从来都体现着一种社会文化,体现着一个人的文化修养和审美情趣,是一个人的身份、气质、内在素质的无言的介绍信。服饰,是对人们的着装及所用装饰品的统称,是仪表的重要组成部分。服饰既可以用来御寒遮体,同时也反映着一个国家、一个民族的文化素养、经济水平及文明的发展程度。服饰还是一种无声的语言,它传递着人的思想和情感,显示着一个人的文化品位、审美意识以及生活态度。在医疗卫生行业中,护士规范的着装,不仅能反映出个人良好的职业形象,更代表着所在单位的整体形象及其管理规范化的程度,因此,对于护士而言,学习相关的服饰礼仪是必需的。从某种意义上说,服饰是一门艺术。在不同场合,穿着得体、适度的人,会给人留下良好的印象,而穿着不当,则会贬低人的身份,损害自身的形象。我国已故的周恩来总理在着装方面为后人树立了一个良好的典范,不论在何种条件下,他都以衣着整洁得体、姿态端庄、彬彬有礼、光明磊落、待人谦虚、亲切诚恳作为做人的准则。在社交场合,服饰得体是一种礼貌,一定程度上直接影响着人际关系的和谐。

任务一　服饰礼仪概述

一、服饰的功能

服饰是人类生存的基本要素之一,服饰礼仪是人们在交往过程中为了相互表示尊重与友好,达到和谐交往的目的而体现在服饰上的一种行为规范。服饰是一种文化,它反映着一个民族的文化水平和物质文明发展的程度。服饰具有极强的表现功能,在社交活动中,人们可以通过服饰来判断一个人的身份地位、涵养;服饰可展示个体内心对美的追求,体现自我的审美感受;服饰可以增加一个人的气质,所以,服饰是人类的一种内在美和外在美的统一。要想塑造一个真正美的自我,首先就要掌握服饰打扮的礼仪规范,让和谐、得体的穿着来展示自己的才华和美学修养,以获得更高的社交地位。其功能主要如下。

(1) 保健。服装能保护人体,维持人体的热平衡,以适应气候变化。服装要使人有舒适感,影响舒适的因素主要是用料中纤维性质、纱线规格厚度以及缝制技术等。

(2) 修饰。修饰表现在服装的美观性上,满足人们精神上美的享受。影响美观性的因素主要是纺织品的质地、色彩、花纹、图案、坯布组织、形态保持性、悬垂性、弹性、防皱性、服装款式等。

(3) 保暖。服装在严冬可以起到抗寒作用。

(4) 装饰。一些特定场合需要具有装饰功能的服装。

(5) 标识。服装还可以体现所属的群体,如警察制服;或表现社会运动,如朋克风格的服装。

二、着装的基本原则

服饰打扮虽说由于每人的喜好不同,打扮方式不同,产生的效果也不同,因此也成就了五彩斑斓的服饰世界,但根据人们的审美观及审美心理还是有一些基本的原则可循。影响着装效果的因素主要有以下几点:① 要有文化修养和高雅的审美能力,即所谓"腹有诗书气自华";② 要有运动健美的素质,健美的形体是着装美的天然条件;③ 要掌握着装的常识、着装原则和服饰礼仪的知识,这是达到内外和谐统一美的不可或缺的条件。着装既是一门技巧,更是一门艺术。服饰应根据自身的个性、阅历、修养、特点等进行选择,在选择的过程中需要遵循着装的基本原则。

(一) TPO+PAS 原则

得体的服饰能给人留下良好的印象。当今世界上流行着一个着装协调的标准公式:TPO+PAS。这一公式的具体含义是指一个人的穿着打扮应符合相应的时间(Time)、地点(Place)、场合(Occasion),又要兼顾自己的职业(Profession)、年龄(Age)、地位(Status)等。正所谓见其装而知其人,在着装时重点应注意与"时、景、事、己、制"相互协调,相互呼应。

1. 与时间相适应原则

不同时段的着装对女士尤其重要。男士有一套质地上乘的深色西装就足以打天下,而女士的着装则要随时间而变换。白天工作时,女士应穿着正式套装,以体现专业性。而晚上出席酒会时就要多加一些修饰,如佩戴上有光泽的首饰、围一条漂亮的丝巾等。服装的选择还要适合季节、气候的特点,保持与潮流大势同步。

2. 与地点相适应原则

在自己家里接待客人,可以穿着舒适的休闲服;如果是去公司或单位拜访,穿职业套装会显得专业;外出时要顾及当地的传统和风俗习惯,如果去教堂或寺庙等场所,就不能穿过于暴露的服装。

3. 与场合相适应原则

衣着要与场合相协调。与顾客会谈、参加正式会议时,衣着应庄重考究;欣赏音乐会或高雅演出时,最好着正装;出席正式宴会时,则应穿中国的传统旗袍或西方的长裙晚礼服;而在朋友聚会、郊游等场合,着装应轻便舒适。

4. 与职业相适应原则

着装要与职业相适应,这是不可忽视的原则。工作时间着装应遵循端庄、整洁、稳重、美观、和谐的原则,给人以愉悦感和庄重感。

5. 与年龄相适应原则

选择服装时应注意年龄问题,与自己的年龄相适应。

不同年龄阶段的人对服装的风格和款式的喜好各不相同,年轻人多选择活泼的服装,体现青春和活力;中年人通常选择套装和质地比较好的休闲服;老年人不喜过分束腰紧身的衣着,力求整洁美观、简洁随意。

6. 与地位相适应原则

着装要考虑地位问题。地位越高,肩负责任越大,越要注重服饰得体,避免因穿着不当而引起不必要的麻烦。

(二)技巧性原则

不同的服装有不同的约定俗成的穿法和搭配。无论采用什么样的搭配技巧,都应注意协调,做到扬长避短。只有先了解自己的体形,选择适合自己的服装色彩、图案,掩盖自身身材的缺点,展现优点,通过恰当的服饰配件来体现个人的穿着风格,才能做到衣服穿着得体又有品位。修饰的最佳境界是"妆成有却无",即修饰以自然美的状态表现出来。恰当的饰物搭配对于服饰来说,可起到烘托、陪衬及美化的作用。

(三)适度性原则

1. 适度的色彩

色彩的搭配应和谐统一,使人在视觉上产生舒适感,切忌在工作场合穿颜色过于鲜艳、过于暴露的服装。一般服饰颜色搭配不应该超过三种颜色,尤其是三种过于鲜艳或明亮的颜色。

服装色彩搭配有以下三种方法可供参考。

(1)同色搭配:由色彩相近或相同,明度有层次变化的色彩相互搭配,造成一种统一和谐的效果,如墨绿配浅绿、咖啡配米色等。在同色搭配时,宜掌握上淡下深、上明下暗,这样整体上就给人一种稳重踏实之感。

(2)相似色搭配:色彩学把色环上大约90度以内的邻近色称为相似色,如蓝与绿、红与橙等。相似色搭配时,两个色的明度、纯度要错开,如深一点的蓝色和浅一点的绿色配在一起比较合适。

(3)主色搭配:指选一种起主导作用的基调和主色,相配于各种颜色,有互相陪衬、相映成趣之效。采用这种配色方法,应首先确定整体服饰的基调,其次选择与基调一致的主色,最后再选出多种辅色。主色调搭配如选色不当,容易造成混乱不堪,有损整体形象,因此使用的时候要慎重。

在选择服饰色彩的时候,不仅要考虑色彩之间的相配,还要考虑与着装者的年龄、体形、肤色、性格、职业等相配。

服色与年龄。不论年轻人还是年长者都有权利打扮自己。但是在打扮时要注意,不同年龄的人有不同的着装要求。年轻人的穿着可鲜艳、活泼和随意些,这样可以充分体现年轻人朝气蓬勃的青春美;而中老年人的着装则要注意庄重、雅致、含蓄,体现其成熟和端庄,充分表现出成熟之美。无论人们处于何种年龄段,只要着装与年龄相协调,都可以显示出独特的韵味。

服色与体形。天下人高矮胖瘦各异,不同的体形着装也应有所区别。

对于高大的人而言，在服装选择与搭配上，要注意服色宜选择深色、单色为好，太亮、太淡、太花的色彩都有一种扩张感，使着装者显得更高、更大。对于较矮的人而言，服色宜稍淡、明快柔和些为好，上下色彩一致可以给人修长之感。对于较胖的人而言，在服色的选择上，应以冷色调为好，过于强烈的色调就更显得胖。对于偏瘦的人而言，服色选择应以明亮柔和为好，太深、太暗的色彩反而显得瘦弱。

服色与肤色。肤色影响着服饰配套的效果，也影响着服装及饰物的色彩。但反过来说服饰的色彩同样作用于人的肤色而使肤色发生变化。一般认为肤色发黄或略黑的人，在选择服色时应慎重。服色过深，会加深肤色偏黑的感觉，使肤色毫无生气；反之，也不宜用过浅的服色，色泽过浅，会反衬出肤色的黝黑，同样会令人显得暗淡无光。这种肤色的人最适宜选用的是与肤色对比不强的粉色系、蓝绿色，最忌色泽明亮的黄、橙、蓝、紫或色调极暗的褐色、黑紫、黑色等。肤色略带灰黄，则不宜选用米黄色、土黄色、灰色的服色，否则会显得精神不振和无精打采。肤色发红，则应配用稍冷或浅色的服色，但不宜使用浅绿色和蓝绿色，因为这种强烈的色彩对比会使肤色显得发紫。

服色与性格。不同的性格需要用不同的色彩来表现，只有选择与性格相符的服色才会给人带来舒适与愉快。性格内向的人，一般喜欢选择较为沉着的颜色，如青、灰、蓝、黑等；性格外向的人，一般以选用暖色或色彩纯度高的服色为佳，如红、橙、黄、玫瑰红等。

服色与职业。不同的职业有不同的着装要求，如法官的服色一般为黑色，以显示出庄重、威严；银行职员的服色一般选用深色，这会使客户产生牢靠、信任的感觉。

2. 适当的款式

应根据社交目的、场合及环境，选择与之相适应的款式。在着装的选择上，应考虑适合自己年龄、身份、地位的服装，以取得与周围环境氛围的和谐效果，并能展现个性。可是有的同志在上班的工作场合穿着很不正规，在机关也好，在公司也好，穿得非常随便，如穿拖鞋式凉鞋、露脚趾凉鞋、露脐装、超短裙、跨栏背心等的都有，这样的穿着让人感觉太随便，有不务正业之嫌，工作场合应穿套装制服，表示郑重其事、整齐划一、严肃严谨。

不同的人由于年龄、性格、职业、文化素养等各方面的不同，自然就会形成各自不同的气质，我们在选择服装进行服饰打扮时，不仅要符合个人的气质，还要突显出自己的美好气质，为此，必须深入了解自我，正确认识自我，选择适合自己的服饰，这样，可以让服饰尽显自己的风采。要使打扮富有个性，还要注意首先不要盲目追赶时髦；其次要穿出自己的个性，不要盲目模仿别人，而不考虑自己的综合因素。

3. 适度的装饰

装饰要恰如其分，该简则简、该繁则繁，装饰后的效果应以自然美的姿态出现，装饰品起点缀作用。合适的装饰品，使人更具风采和魅力，可起到画龙点睛、锦上添花的作用。但如果装饰过多，则会产生画蛇添足的效果，显得纷繁复杂，破坏个人的整体形象。因此，对于职业人员而言，装饰应适度，首饰的佩戴以少为佳。

（四）整体性原则

整体性原则最重要的一点是整洁的着装。整洁原则是指整齐干净的原则，这是服饰打扮的一个最基本的原则。一个穿着整洁的人总能给人以积极向上的感觉，并且也表示出对交往对象的尊重和对社交活动的重视。整洁原则并不意味着时髦和高档，只要保持服饰的干净合体、全身整齐有致即可。整洁的衣着可表现出积极向上的精神状态。衣着整洁，除了体现出对交往对象的重视程度外，还显示出交往的文明与自身的修养水平。正确的着装应遵循整体性原则，各个部分要精心搭配，使之相互呼应、配合，达到完美和谐。着装要坚持整体性，重点应注意两方面：一方面服装的各个部分相互适应，局部服从整体，展现着装的整体美，如装饰物的选择应同着装主色相近或者选择对比色，以取得和谐与呼应的效果；另一方面应恪守服装本身约定俗成的搭配，如西服搭配衬衣、皮鞋等。

三、饰品佩戴

(一) 配饰的基本原则

俗话说，人靠衣裳马靠鞍。这句话的意思是想要美丽得靠衣服去打扮。不管是时装发布会上的模特还是红地毯上耀眼的明星，他们不仅穿着新潮的衣服，而且一定会搭配个性闪亮的配饰。现在人们会将更多的精力放在挑选配饰上，一件合适的配饰，不仅能体现美的理念，也突出了个性和自身的气质。饰品分很多种类，像项链、戒指、手镯等，一件与个人气质、服装完美搭配的首饰，足以引人注目。

现实生活中，饰物是一种点缀，它对于人们的穿着打扮，可起到辅助、烘托、陪衬和美化的作用。从审美角度来看，它与服装、化妆一同被列为人们装饰、美化自身形象的三大法宝。在社交场合，饰物作为一种无声的语言，向别人宣告着使用者的知识、阅历、教养和审美品位，同时也暗示着使用者的地位、身份、财富和婚恋现状。

常用的饰物可分为实用类饰物和装饰类饰物，帽子、围巾、手表、皮包等都属于实用类饰物，在选用时也应遵循 TPO+PAS 原则。装饰类饰物也称为首饰，包括戒指、项链、挂件、耳饰、手链、手镯、脚链、胸针等，选择装饰类饰品应注意以下原则。

1. 注意数量与色彩

数量以少为佳，必要时，可以一件首饰也不佩戴（除新娘外）。同时佩戴多种首饰时，不可超过三种，除耳饰、手镯，同类首饰最好不要超过一件。色彩应力求同色，如不能完全相同，至少应保持与主色调一致。

2. 讲究质地与身份

同时佩戴几种首饰，其质地应该相同。选戴首饰时，应符合身份、性别、年龄、职业、工作环境。高档饰物，尤其是珠宝首饰多适用于隆重的社交场合，而不适合在工作或休息时佩戴。

3. 注意体形与季节

在选择首饰时，应考虑自身脸型、体形等特点，因人而异，扬长避短。所戴的首饰要与季节相吻合，金色、深色首饰适于冷季佩戴，银色、艳色首饰则适合暖季佩戴。

4. 注意搭配与习俗

戴首饰应与所穿的服饰相协调，要兼顾所穿服饰的款式、质地、色彩，并努力在搭配风格上使之相配，如服饰轻盈飘逸，饰物也应玲珑精致；服饰正式端庄，饰物则应典雅大方。穿运动服、工作服时不宜戴首饰。身着考究的服装时，可搭配昂贵的饰物。另外，不同地区、民族，佩戴首饰的习惯多有不同，对此，应做到多了解、多尊重。

佩戴首饰时，除必须遵守以上原则外，还须注意不同品种的首饰往往有许多不同要求。例如，戴戒指时通常戴于左手，一般只戴一枚，戴于各指上所表达的寓意各不相同，在许多国家，未婚妇女的戒指只戴于右手上而不是左手。再如，戴耳饰时，不宜在一只耳上同时戴多只耳环，一般女性成对使用；男子戴耳环时，习惯只在左耳戴一只，若双耳都戴，会被视为同性恋者。在佩戴各种饰物前，应多做了解，只有恰当地选择、搭配和使用首饰，才能使其发挥美化和装饰的功能。

(1) 吊坠的佩戴法则。

① 多与项链同时配套使用。

② 选择吊坠，一般要优先考虑它是否与项链般配，力求二者在整体上协调一致。

③ 在正式场合不要选用过分怪异或令人误解的图形、文字的吊坠，一般也不要同时使用两个或两个以上的吊坠。

(2) 戒指的佩戴法则。

① 一般讲究戴在左手上，而且最好仅戴一枚，一般至多可戴两枚，只有新娘方可例外。

② 戴两枚戒指时，可戴在一只手上两个相连的手指，也可以戴在两只手上对应的手指上。

③ 拇指通常不戴戒指，一个指头上一般不应戴多枚戒指。
④ 戴薄纱手套时戴戒指，应戴于其内，只有新娘不受此限制。
⑤ 国际上比较流行的未婚戴法是：

食指——表示想结婚；

中指——已经在恋爱中；

无名指——表示已经订婚或结婚；

小指——表示独身。

(3) 耳饰的佩戴法则。

① 一般情况下，它仅为女性所用，并且讲究成对使用，即每只耳朵均佩戴一只。

② 一般不宜在一只耳朵上同时戴多只耳环。

③ 在国外，男子也有戴耳环的，但习惯做法是左耳上戴一只，右耳不戴；双耳皆戴者，会被人视为同性恋者。

④ 佩戴耳环，应兼顾脸型，总的来说，不要选择与脸型形状相似的耳环。

⑤ 若无特殊要求，不要同时戴链形耳环、项链与胸针。三者皆集中于齐胸一线，容易显得过分张扬，且繁杂凌乱。

(4) 手饰的佩戴法则。

① 佩戴手镯，所强调的是手腕与手臂的美丽，故二者不美者应慎戴。

② 男人一般不戴手镯。

③ 手镯可以只戴一只，也可以同时戴上两只。戴一只时，通常应戴于左手。戴两只时，可一只手戴一个，也可以都戴在左手上。一般不要在一只手上戴多只手镯。

④ 男女均可佩戴手链，一般情况下，一只手上仅限戴一条手链，并应戴在左手上。

⑤ 通常，最好不要在一只手上戴多条手链、双手同时戴手链、手链与手镯同时佩戴。

⑥ 在一些国家，所戴手镯、手链的数量和位置可用于表示婚否。

⑦ 一般，手链与手镯均不应与手表同戴于一只手上。

不同季节佩戴首饰也有讲究。

春夏季：是最适合佩戴首饰的季节，因为身体裸露的部分比较多，无论是项链、手镯、臂环还是耳坠，春夏季都是很好的展示机会。由于夏装衣料单薄，式样简单，首饰宜选择简约、经典、别致的款式，如钻石首饰、黄金饰品、水晶饰品等，务求色调淡雅、晶莹闪亮、观之令人赏心悦目。

秋冬季：由于服装面料较为厚重，宜选配各种有质感和分量的首饰，冷色调的外套可以选择色彩较为丰富的项链、戒指、耳环、胸针、别针等金饰、镶钻饰品。例如，黑色的大衣宜选黄金首饰或彩宝首饰、彩色钻石首饰点亮色彩。

无论是哪个季节，都要注意首饰佩戴并非越多越好、越贵重越好。项链、耳环、手镯、戒指、胸针通通戴在身上、彼此争艳，反而没有视觉重点，使人感觉杂乱无章。一般只有在非常隆重的场合，才适宜佩戴套饰，但也要主次分明。

四、不同材质的饰品佩戴的讲究

(一) 珍珠首饰佩戴的讲究

1. 珍珠耳环

耳珠式或长款吊垂式珍珠耳环可适合不同场合的需要。办公室装扮简洁而严肃，戴一对耳钉式的珍珠耳环，可以将女性的柔美以含蓄的方式表达出来，也可使办公室装扮不至于那么严肃和过于硬线条。长款吊垂式珍珠耳环更适合配合礼服佩戴，耳环在耳垂与脖子间摇荡，可增添女性妩媚的美感。

2. 珍珠项链

珍珠项链的款式和风格变化多端,为的都是修长脖子,增加女性优雅的气质,可根据自身特点进行选购。如果佩戴人比较娇小,身高不高,可选中等长度的珍珠项链;身高较高挑的女性可选择长款,甚至有些夸张的超长款式。年纪较大的女性以白色、金色珍珠项链为宜;年龄较小的,可选择粉色或紫色等比较活泼的色彩。单戴多绕脖几圈也是不错的戴法。

3. 珍珠吊坠

吊坠比较适合与戒指或耳环同时佩戴。珍珠吊坠的款式有简单的单粒珍珠吊坠,也有豪华的配石珍珠吊坠。单粒珍珠吊坠适合日常佩戴,而豪华款珍珠吊坠比较适合在庄重的场合佩戴。

4. 珍珠戒指

珍珠戒指是参加派对或晚会活动时所戴的豪华戒指。

(二)玉石首饰佩戴的原则

1. 同质同色

就如女性的护肤品最好买一个系列的,玉石也是如此,质地一样才没有违和感,而同色就是色调要一致,不注意色彩搭配,视觉上就会产生冲突。

2. 避免繁杂

饰品虽好,太多的话就显得无主无次,繁复杂乱,毫无美感可言,件数还是以1~3件为好。

(三)护士饰品佩戴的要求

护士在工作时有很多首饰是禁止佩戴的,如戒指、手镯、手链、脚链、耳环等,这是因为:一方面,它们是医院内病菌感染的媒介,同时也会增加护理人员自身感染的机会;另一方面,它们会给护理工作带来不便,更给病人带来不信任感。但为了工作的方便,护士可以佩戴手表。

在工作岗位上,护士佩戴饰品时应以少为佳,甚至可以不戴任何饰品,这点对于男护士尤为重要。

(1)表。护士在工作场合一般可佩戴胸表,因胸表无须手取即可直接用于测量时间,减少了污染机会,可将其挂于左侧胸前。

(2)戒指。护士在工作时不应戴戒指,因其既会影响护理操作的正常进行,又容易有细菌,增加污染机会,同时不利于对戒指的保护。

(3)耳饰。护士在工作时不应戴耳环、耳链、耳坠等。因耳钉较耳环更为小巧含蓄,所以一般情况下,允许女护士佩戴耳钉。

(4)项链和挂件。护士在工作场合一般不宜佩戴项链和挂件,即便佩戴,也只能将其带在工作服以内,而不宜显露在外。

(5)手链、手镯、脚链等。护士在工作时不宜佩戴这些饰品。

在护理工作中,美丽适宜的服饰能展现护士的外在美,精湛的技术和良好的服务能体现护士的内在美,外在美与内在美相互结合,使患者在美的感染下鼓起与疾病斗争的勇气,更好地配合治疗与护理,尽快恢复健康。

任务二 护士服饰礼仪概述

 知识拓展

我们的衣着既不要过于艳丽而俗气,也不可以破烂而肮脏。

——塞涅卡

一、护士服装史话

远在300多年前,从事护理工作的除了女修道士外,还有王公贵族妇女,她们具有丰富的学识、高尚的品格及热忱的服务态度,因此,护士地位极高。真正的护士服装应该起始于南丁格尔时代,也就是说19世纪60年代开始护士服问世。南丁格尔首创护士服装时,以"清洁、整齐并利于清洗"为原则,样式虽有不同,却也大同小异。此后,世界各地的护士学校皆仿而行之,如美国许多护士学校的服装各具特点,样式不一,且要求在政府注册,彼此不准仿制,并规定不许着护士服上街或外出等。欧洲对护士服的限制则宽松得多。

20世纪20年代后,随着陈规陋习的破除,护士帽被赋予高尚的意义,帽子代表护士的职业,寓意着健康与幸福等,此后,护士帽的佩戴成为常规,而且只有正式护士才能戴护士帽,才有资格为患者做治疗护理工作。不过对于男护士而言,护士帽可戴可不戴。当时,我国各地护士学校的服装因风俗不同、气候不一,很难统一。但在护士服装样式的设计上却都以庄重、严肃为主,因为护士职业在中国尚有许多人不是很了解,若着装怪异、滑稽势必引起大众的议论与轻视。因此,护士服装不但要美观、大方、清洁、合体,更应表现出护士的重要地位和沉稳平和的气质。

20世纪20年代的各地医院里,护士与护生服装的区别在于样式相同、颜色不一。护生服装为蓝色,护士服装为白色。护士着装时,要求其鞋、袜、裤的颜色均为全白或全黑,并规定护士除佩戴中华护士会特别的别针外,一律不许佩戴首饰。1923年,协和护校护生服装改为浅蓝色衬衫与白裙,头戴一顶小方帽。这身素雅清淡的服装,使护生看起来仪表非凡,当时护生的服装与气质吸引了许多青年女性投身护士职业。

20世纪30年代后期,护士服装颇为年轻女性看好,毕业护士着素雅大方的护士服,护生为蓝衣、白裙、白领、白袖头、白鞋、白袜、白色燕尾护士帽,衣裙下摆一律离地25.4厘米,统一制作的半高跟网眼帆布鞋,走路舒服、无声。逢医院纪念日如"五一二"国际护士节时,北京、上海、武汉、南京等地的护士全部着护士服装参加纪念活动,其情其景庄严肃穆,感人至深,使大家深切体会到护士形象的美好与护士职业的崇高、圣洁和荣耀。

1948年,中国护士会规定,护士必须穿白色服装及戴白帽,护生着蓝白两色,护理员不得戴帽,不可着蓝白两色服装。总之,护士、护生、护理员的着装有着严格的区分。

护士服向来是白衣天使美丽的装束,不同年代和文化背景下护士服饰的变化,折射出护理事业的发展,演绎着护理文化的文明与进步,也体现着护理事业的传承、责任与创新。

护理事业发展到今天,护理模式发生改变,护士的服装也随之变换,改变意味着创新,创新意味着发展。长裙式的护士服逐渐被利落的短上衣替代,使得护理工作更高效和舒适。同时现在国际上还大量流行着分体式护士服,分体式护士服更大程度上方便了护士的工作,现在国内也逐渐开始兴起护士服的分体装。

二、护士工作时的服饰要求

护士服属于职业服装的一种,与工作性质相符,具有显示职业身份、便于护理工作的风格特点。护士服是护士穿的服装,主要功能是保持卫生及让病患辨识护士。护士服有许多不同的款式,但是基本上仍十分容易被识别,新版护士服已经不局限于传统的单色调,各式颜色、图案、条纹应有尽有。

医院护士职业服装需要达到"三统一",即式样统一、面料统一和颜色统一。医院护士服饰礼仪总体要求:充分体现护士职业的特点,做到严肃、庄重、挺括、美观、大方、合体。现在,随着人们对医疗护理服务品质期待值的提升,医疗护理服务对象对医院的环境和医务人员的着装等各方面的要求也越来越高。因此,有的医院开展了"星级服务"。有人还提出,医务人员应该和患者处在同一地位,体现在服装上就是要穿一样的服装。那么护士服饰礼仪究竟有哪些具体要求?以下内容将从着装原则、护士帽的佩戴、鞋袜的搭配等方面详细讲解。

由于护士岗位、所在临床科室、具体工作内容不同,对护士服的功能要求也不相同,这就形成了不同种类、款式及颜色的护士服。护士服(普通护士服)多为连衣裙式,给人以纯洁、轻盈、活泼、勤劳的感觉,以整齐洁净、大方得体和便于各项操作为原则。穿着中要求尺寸合身,以衣长刚好过膝,袖长刚好至腕为宜,腰部用腰带调整,宽松适度。

1. 普通护士服的着装标准

让人心仪的护士服属于职业服装的一种,在穿着护士服时,应做到如下几点。

(1)工作服要和岗位对应。工作服是职业和身份的象征,在工作中应根据职业需要和专业分工,穿相应的服装。例如,护士穿护士服,进入感染科穿隔离衣,进入手术室穿手术衣等。

(2)佩戴工作牌。工作牌既是自己身份的象征,用以约束自己,又便于服务对象进行辨认、问询及监督。应将工作牌端正地佩戴在左胸上方,不能反戴或插于衣兜内,并注意保持清洁干净。

(3)服装整齐清洁。护士服装要求整齐、清洁、大方、适体,无污渍,衣扣扣齐,工作服大小、长短、型号适宜,腰带平整,松紧适度,工作服内衣领、袖口不可外露。服装的整齐和清洁代表着医务工作者的尊严和责任,显示着职业的特殊品质;统一规范能体现医务工作者严格的纪律性和严谨的工作作风,力求简约大方,做到简约朴素,不过分装饰。服装细节要求如下:

① 领扣。护士服的领扣要求扣齐,自己的衣服内领不外露,高领护士服的衣领过紧时可扣到第二个。男护士服穿着时注意不着高领及深色内衣。

② 衣扣、袖扣。衣扣、袖扣全部扣整齐,如缺扣子要尽快钉上,禁用胶布、别针代替。护士服上禁止粘贴胶布等。衣兜内忌塞满东西。袖扣扣齐使自己的内衣袖口不外露。这样着装,护士才会给人留下良好的印象。(见图3-1)

图3-1 护士服

③ 鞋袜。要根据不同季节选择不同的袜子。夏季,女护士穿着裙式工作装时,要选择肉色连裤长袜;穿着长裤套装时,可选择肉色短袜。在北方冬季,可选择肉色或浅色棉袜,忌选用反差大的黑色或其他深色袜子。无论男女护士,不可赤脚穿鞋。选择护士鞋时要注意与整体装束的搭配,同时,还应考虑到季节性,如夏季可选凉爽透气的护士鞋,冬季则应选择保暖轻便的护士鞋。无论选择什么样的护士鞋,都应遵循以下原则:样式简洁大方,以平跟或软底小坡跟为宜,颜色以白色或乳白色为佳,或与整体护士服颜色相协调,要注意防滑、舒适。护士鞋要做到定期清洁与保养。

④ 口罩。佩戴口罩时要根据护士脸型及工作岗位选择合适的口罩,戴口罩时必须戴正,要将口鼻完全盖住,四周无空隙,位置高低适宜,既不可太高,影响视线,又不可太低,露出鼻孔。口罩摘下时,应将戴在口鼻内侧的一面向里折好,放入干净的口袋中,而不宜将口罩挂于胸前。一次性口罩使用后需及时处理,纱布口罩每天应注意清洗消毒。

⑤ 护士帽。护士的帽子有圆帽和燕帽两种。医生、药剂师、检验师及护士均可佩戴圆帽。戴圆帽时要求头发应全部塞于帽内,不戴头饰,长发用发网或小发卡盘起后再戴。帽子应前达眉毛,后遮盖发际,缝封放在后面,边缘整齐。燕帽象征着护士职业的圣洁和高尚,洁白无皱的燕帽以无声的语言告诉患者,这是一名保护患者健康的职业护士。戴燕帽时,两边微翘,前后适宜。一般帽子前沿距发际3~5厘米,戴帽前将头发梳理整齐,以低头时前刘海儿不垂落遮挡视线、后发辫长不及衣领、侧不掩耳为宜。上岗前就应把头发夹好,不要一边工作一边腾出手去弄头发,一则易造成自己头发及其面部的污染,二则会给人以搔首弄姿的不良印象。燕帽要轻巧地扣在头顶,帽后用发夹别住,以低头或仰头时不脱落为度。注意戴燕帽的上述要领,可避免给人留下零乱的印象,体

现出自身的干练利落。

2. 特殊护士服的含义与着装标准

特殊护士服常指手术服、隔离服等防护服装,其严格的着装流程显示了对患者和护士自身健康的责任,衣着表达的是严谨、科学、安全的含义。

(1) 手术服,只适用于手术室内穿着的护理服装,分手术洗手衣、裤和手术外衣两部分。因手术操作的无菌要求,手术服应是无菌的。手术外衣分一次性手术衣和非一次性手术衣。一次性手术衣多在护理有特殊感染的患者以及应急情况下使用,常在使用后按一次性医用垃圾焚烧处理。非一次性手术衣可高压消毒后反复使用。穿手术服时配用的手术圆筒帽和口罩也分一次性和非一次性两种,其性能特点及术后处理原则同手术衣。帽子内塞严头发,必要时用发网或发夹固定,要求前不遮眉、后不露发际、帽缝要在后面、边缘要平整。佩戴口罩应四周严密,以吸气时产生负压为适宜。手术服如图3-2所示。

(2) 隔离服,常在护理传染病患者时使用。其款式为中长大衣后开背系带式,袖口为松紧式或条带式。穿、脱隔离衣有着严格的操作流程和要求。穿隔离服时,必须配用圆筒式帽,头发要求与戴口罩标准同穿手术服一致,如图3-3所示。此外还有特殊隔离服,主要用于护理经空气传播及接触性传染的特殊患者。这种服装为衣帽连体式,不透空气,可防护并阻止任何病毒侵入。在二级防护时须佩戴特制的医用防护口罩、防护眼镜、鞋套、手套等,其连体帽内应先佩戴一次性圆筒帽,头发要求及戴口罩标准同穿手术服、隔离服的标准一致,见图3-4。如为三级防护,则在二级防护的基础上再加戴全面型呼吸防护器、护视面罩等。

图3-2 手术服

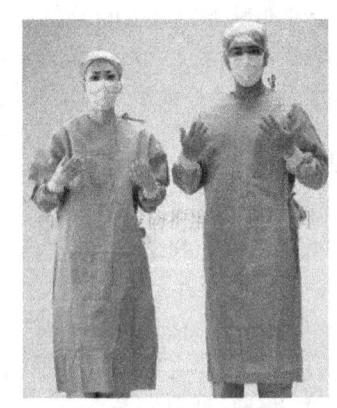
图3-3 隔离服

图3-4 特殊隔离服

3. 护士职业服装穿着的注意事项

(1) 在工作岗位上应着护士服。护士的职业服饰美不仅是在维护个人形象、医院形象,更是在维护国家医疗机关形象,乃至是在维护国家形象,因此护士在着职业装时,决不能认为穿衣戴帽,各凭所好,而应着统一的护士服。

(2) 护士服应与工作环境和谐统一。护士服的面料应挺括、透气、不缩水、不透明,便于清洗消毒;款式应整洁、庄重、大方、适体、方便工作。

(3) 身着护士服时应佩戴工作牌。佩戴标明护士姓名、职称、职务的工作牌,一方面可促使护士认真约束自身的言行,积极、主动地为患者服务;另一方面也便于患者辨认、询问和监督。因此,每位护士上岗时都应自觉地将工作牌端正地佩戴于左胸上方,避免反面佩戴。当工作牌模糊不清或损坏时应及时更换。

案例评析

案例：

医院护士小李中午穿着一条浅色连衣裙去参加了一场宴会。下午一点去上班的时候，她发现自己医院衣柜里的护士服有点脏了，想着身上这条连衣裙也比较庄重，于是就只戴了一个护士帽，穿着中午出席酒宴的服装开始工作了。让人没想到的是，由于医院经常出现外来人员冒充医护人员行骗的情况，她刚进护理病房不久就被人举报说是骗子，还引来了保安，造成了不必要的误会。这令小李十分尴尬，为此小李也遭到了护士长的批评。

评析：

服饰打扮由于每人的喜好、其他特定要求的不同，打扮方式的不同，产生的效果也不同。工作制服是职业和身份的象征，在工作中理应根据职业需要和专业分工，穿着相应的服装。

护士作为专业医护人员，有着自己专门的制服——护士服。着护士服不仅是为了形成医院干净、有序的良好形象，更能体现护士专业、细致的工作态度。服装的清洁与整齐代表着医务工作者的尊严和责任，显示着职业的特殊性与专业性。统一规范能体现医务工作者严格的纪律要求和严谨的工作作风，让患者乃至社会放心。案例中的护士小李忽视了制服的重要性，不仅有损自身护士形象，也违背了医院正常着装礼仪，以至于造成了不必要的误会，这就是不遵循护士着装礼仪规范的后果。

实践模拟：

请同学们就上课穿着的衣服进行评价，看能否作为护士服的内衬或下装。模拟多种场景下如何避免出现着装不当的情况，并请老师点评。

思考与练习

一、名词解释

TPO+PAS 原则　隔离服

二、选择题

1. 着装的基本原则不包含(　　)。
   A. TPO+PAS 原则　　B. 技巧性原则　　C. 适度性原则　　D. 个性化原则
2. TPO+PAS 原则不包含(　　)。
   A. 时间　　　　　　B. 场合　　　　　C. 职业　　　　　D. 环境
3. 关于适度性原则,(　　)有错误。
   A. 材质　　　　　　B. 款式　　　　　C. 装饰　　　　　D. 色彩
4. 有关配饰的基本原则(　　)有问题。
   A. 注意数量与色彩　　　　　　　　　B. 讲究质地与款式
   C. 注意体形与季节　　　　　　　　　D. 注意搭配与习俗
5. 护士在工作场合可以佩戴(　　)。
   A. 胸表　　　　　　B. 戒指　　　　　C. 耳钉　　　　　D. 手链

项目四 护士言谈礼仪

1. 了解言谈的基本特征,熟悉一般要求和技巧。
2. 掌握护理工作中的言谈礼仪与技巧。
3. 熟悉护士言谈礼仪的注意事项与要求。

患者高女士今年68岁,入院看病时已出现运动障碍、语言不清、口角轻微歪斜、流涎等症状。医生诊断为脑血栓,让患者入院治疗,而患者得知自身病情后,又出现恐惧和压力较大的情况,一时无法接受,出现了意识消沉、抵触治疗的情况。护士小张被分配为高女士的主要护理人员之一。

思考与讨论:
(1) 就案例情况而言,小张应如何尽快安慰患者以稳定患者情绪,使患者能够配合治疗?
(2) 护士如何运用言谈技巧与患者进行有效沟通,使患者做到积极治疗、积极生活?
(3) 在日常护理期间,护士与患者交谈时应注意哪些方面?

点评: 随着护理模式的转变,护士要对患者实施全方位的整体护理。护理人员的言谈不仅可以治病也可以致病,诚恳、体贴、礼貌的语言对患者来说犹如一剂良药,如果用语不当,重语伤人则可使患者旧病未去又添新病。如果护士能针对患者的不同心理特点,通过言谈启发、开导、劝说、鼓励患者,解除患者的精神负担和顾虑,就发挥了语言的治疗作用,收到医药所不能及的效果。因此,在护理工作中,护士一定要遵循相应的言谈礼仪规范,使用恰当的沟通技巧,做到语言美,从而充分发挥语言的作用,来体现自身良好的职业素养,提高护理服务质量。

任务一 言谈中的基本礼仪

一、了解言谈礼仪

(一) 言谈礼仪的含义

言之有礼,谈吐文雅,是言谈礼仪的基本要素,主要包含三层含义。

一是态度诚恳、亲切。说话本身是用来向人传递思想感情的,所以,说话时的神态、表情都很重要。例如,当你向别人表示祝贺时,如果嘴上说得十分动听,而表情却是冷冰冰的,那对方一定认为你只是在敷衍而已。所以,说话必须做到态度诚恳和亲切,才能使对方对你的说话产生表里如一的印象。

二是用语谦逊、文雅,如称呼对方为"您""先生""小姐"等,用"贵姓"代替"你姓什么"。如你在一位陌生人家里做客需要用厕所时,则应说"我可以使用这里的洗手间吗?"或者说"请问,哪里可以方便?"等。多用敬语、谦语和雅语,能体现出一个人的文化素养以及尊重他人的良好品德。

三是声音大小要适当,语调应平和沉稳。无论是普通话、外语还是方言,咬字要清晰,音量要适度,以对方听清楚为准,切忌大声说话;语调要平稳,尽量不用或少用语气词,使听者感到亲切自然。

总之,语言文明看似简单,但要真正做到并非易事。这就需要我们平时多加学习,加强修养,使我们中华民族"礼仪之邦"的优良传统得到进一步的发扬光大。

(二)言谈的基本特征

言谈具有以下五个特性。

1. 内容多样性

在言谈的过程中,主题可以有一个,也可以有多个,交谈过程中应做到有的放矢,使人有所获益。

2. 真实自然性

交谈的内容应当真实,要言之有物,表达应合乎情理,且表现自然,不能为了追求效果而巧言令色或夸大其词。

3. 相互包容性

在交谈中,要有容忍别人的雅量,不仅要自己说,也要留有机会让别人说,只有这样,交谈的双方才能有交流和互动,才能使交谈的气氛融洽。

4. 双向沟通性

言谈是一种双向或多向的活动,它要求各方面都积极地参与,不能只是单方面的,给对方说话的机会让对方多说,从言谈过程中可以捕捉一些有关信息。

5. 随机应变性

在言谈的过程中,要灵活多变,见机行事,临场发挥,迅速地反应。根据对方的神情随时改变言谈的话题和内容,使言谈过程愉快而又融洽,气氛活跃,以增进护患关系。

二、言谈礼仪基本要求

1. 总体要求

声音平和,不要大嗓门;言语亲切,不要粗俗野蛮;语速适中,不要太快也不要太慢;语调抑扬顿挫,不要呆板单调;吐字清晰,不要含糊不清。

2. 语言要求

要让双方都懂,顺畅交流;言简意赅,表达准确,条理清楚;遣词造句要相对委婉,留有余地;态度要热情,多用敬语。

3. 面谈距离要求

私人(亲密)距离:小于0.5米;交际(常规)距离:0.5~1.5米;礼仪(尊重)距离:1.5~3.5米;公共(陌生)距离:3.5米以上。

4. 礼貌用语要求

在交谈中使用礼貌用语,是取得他人理解与体谅的最简单易行的做法。礼貌用语是指约定俗成的、表示谦虚恭敬的专门用语。首先要做到不说脏话、不带口头语、没有语病。其次,不可粗俗,不可把日常生活中粗俗的语言用于工作及人际交往中。在日常生活中经常使用十字文明用语"您好、请、谢谢、对不起、再见"。

知识拓展

在使用礼貌用语时,应学会并合理使用敬语和雅语,以表示对对方的尊敬。

(1)敬语,亦称"敬辞",是表示尊敬、礼貌的词语。除了表达礼貌之外,多使用敬语还可体现一个人的文化修养。敬语通常用于以下场合:① 比较正规的社交场合;② 与身份、地位较高的人交谈时;③ 与人初次打交道或会见不太熟悉的人时;④ 会议、谈判等公务场合等。

常用的敬语有我们日常使用的"请"字,第二人称中的"您"字,代词"阁下""尊夫人""贵方"等。另外还有一些常用的词语用法,如初次见面称"久仰",很久不见称"久违",请人批评称"请教",请人原谅称"包涵",麻烦别人称"打扰",托人办事称"拜托",赞人见解称"高见"等。

(2)雅语,指一些比较文雅的词语。雅语常常在一些正规的场合以及一些有长辈在场的情况下使用,来替代较口语化乃至粗俗的话语。多使用雅语能体现出一个人的文化素养以及尊重他人的良好素质。

5. 表意准确要求

在言谈中,语言必须准确,从而高效地传情达意,否则不利于言谈双方彼此进行交流。要做到语言的准确性,必须注意以下几点。

(1)发音要准确。说话是让人听的,要让人听得清、听得明白,才能交流信息、沟通思想感情,因此护理人员要注意训练自己的语言表达能力,要做到发音准确、使用普通话,这样才能与患者进行更好的沟通。

(2)语速要适度。护士在与患者交谈时,语速不能太快,太快会影响语言的清晰度,让人听不清楚,就像老师上课时如果语速过快学生就反应不过来一样。尤其对于那些老年患者或反应有些慢的患者,护士更要适当地放慢语速。护士的语速也不应过慢或停顿过长。护士以适当的语速与患者谈话,会使护患间的沟通交流更容易成功。

(3)语气要谦和。与人交谈,语气要谦和,用语要文明,不讲粗话、脏话。谦和礼貌的语言,能使患者心平气和,思想乐观,信任护士,愿意成为护士的朋友,并积极地配合治疗。

(4)内容要简练。护士每日的工作量很大,为了更有效地完成护理工作,在与患者谈话时要注意内容简明扼要,要用很简短的话语让患者明白谈话内容,不要长篇大论,东拉西扯,这样的话只会浪费双方的时间,引起对方的反感。

(5)方言要少用。语言是人类社会最重要的交际工具。护士每天要接触来自不同地区的患者,使用规范标准的语言,对消除交往中的语言障碍、提高交往和信息交流的效率和质量,都具有重要作用。在护理岗位上应使用普通话,尽量不用方言,以免患者听不懂,从而减少护患交流的障碍。

6. 禁忌要求

不涉及对方隐私及伤感、厌恶之事;忌自我吹嘘,乱开玩笑;男女谈话要相互尊重;不非议国家和政府;不涉及国家机密和商业秘密。

7. 电话用语要求

接打电话时人们无法直接了解对方的具体信息,只能通过声音了解对方的意图、性格、情绪、表情、心境,判断对方的身高、长相,想象对方的形象,这就是电话形象。

（1）塑造良好的电话形象。

声音一定要亲切、清晰、悦耳，调整好自己的情绪，保持良好的心境，面带微笑，速度适中，控制好音量，嘴与话筒保持三厘米左右的距离，力求尾音上扬，传递出带笑意的声音。

（2）打电话要求。

认真思考，准备充足；选择恰当的通话时间；正确拨号，拨错致歉；拨号以后，耐心等待；拨通问好，自报家门；找人时静候，委托要及时转告。

（3）接电话要求。

及时接听，进入角色，记录转告，后挂电话；简洁明了，准确无误，有问有答，不啰唆，简洁不意味着冷淡；关键的地方要重复，确保听清。

知识拓展

1. 日常交往中"个人隐私六不问"：(1)收入支出；(2)年龄大小；(3)健康状况；(4)个人经历；(5)家庭地址；(6)恋爱婚姻。

2. 选择的话题应积极乐观。在谈话时要选择有意义、有品位、积极乐观的话题，而对于那些低级、庸俗、消极的话题千万不要津津乐道。要选择那些使患者听起来轻松、愉快，有益于患者康复的话题。切记不要选择那些使人紧张、心情沉重、压抑、悲哀，甚至是令人恐惧的话题。

3. 选择的话题应避开令人不快之事。不要涉及令人不愉快的内容，如疾病、死亡、荒诞等，要把快乐与人分享，把苦恼留给自己，这种交谈的常识亦应在选择谈话内容时得到体现。

4. 男士参与女士的话题要自重。男士一般不参与女士圈内的话题，在与女士谈话时要尊重、谦让、宽容，不随便开玩笑，也不可与女士无休止地攀谈，否则会引起对方的反感和旁人的侧目。

三、言谈技巧

1. 掌握分寸

说话是一种权利，更是一种责任。"夫者存亡，嘴舌有责。"说话要有分寸。在这个世界上，有不同的人和事，也就有不同的禁忌。生活有禁忌，做人有道德，说话更应该有分寸。张口即来，毫不考虑后果，那么社会就没有秩序可言了。

说话要根据时间、人物、事件、地点的不同，相应地调整其长短、轻重快慢，这样才叫说话有分寸。而有说话者就有听话者，也就是说，一个人"张嘴说话"时最少要面对一个以上"听话"的人，说话的目的是向对方传送某种讯息，如果没有分寸，你传送的讯息就会出现偏差。从这个意义上讲，把握好说话的分寸也就是把握好说话的禁忌。说话不但要注意对象与你关系的亲疏、对象跟你的辈分、对象跟你的性别，而且应注意说话的音调、修辞用字的轻重。过于张扬给人轻狂感，过于木讷则又显得呆板无趣。人际交往中的分寸感是一种智慧和能力，需要不断修炼。因此，言谈的分寸对于护理这种服务性工作而言是尤其值得重视和合理运用的。

在工作中实现自我价值是每个人的追求。作为护理人员，在尽心看护患者的同时，掌握好言谈礼仪也是让自己的服务更上一层楼的重要途径，如公共场所言谈举止文明，不讲粗话；与患者交谈时认真耐心，用语言体贴和关爱患者；不随意用手指人，做手势时幅度适中，不边说话边嚼口香糖，不随意背后议论他人，更不能出言不逊，揭人短处。在交谈时说些笑话，愉悦患者，事半功倍。但讲笑话也要注意场合、地点、对象，要有分寸，对不熟悉的人不宜开过分的玩笑或拿别人的生理缺陷开玩笑。

2. 方法得当

（1）得当的开场白。古人说得好，"话不投机半句多"。好的开始是成功的一半，良好的开场白是沟通交流顺利进行的前提。嘘寒问暖的交谈方式很容易拉近与患者的距离。首先护士在谈话之前应为患者营造温馨的气氛，让患者放松以减少排斥情绪，这样才会让患者参与合作，谈话才能顺利进行。在开场之初用礼貌的、合适的称呼跟患者打招呼，介绍自己，交代谈话的目的、大约需要的时间等。以下是几种常用的开场白方式。

① 自我介绍式，如"您好，我是您的责任护士小刘，您今天刚入院吧？刚来会有些不适应，有什么要求尽管告诉我，我会尽力帮助您的"。

② 问候式，如"早上好，您今天感觉怎么样？"。

③ 关心式，如"今天气温有些下降，您要多加点衣服，别着凉了"。

④ 夸赞式，如"您今天气色不错，看上去比前两天好多了"。

⑤ 其他，如"这束花真漂亮啊，一定是关心您的朋友送来的"。

（2）察言观色、细心聆听。患者希望医护人员了解自己的病情，说话往往比较急切，恨不能把所有的病痛一下子都倾诉出来，于是一些患者诉说起来就滔滔不绝。这时护理人员要有足够的耐心，要做到始终面带亲切的微笑，仔细聆听患者的诉说，不要轻易打断患者；同时应抓住时机安慰患者，适时用恰当的方式插话，巧妙地询问，引导患者说出有效的疾病信息，避免话题偏离正题，避免浪费时间。

（3）转换话题和结束谈话的方法。当患者谈话不得要领，无法有效、迅速地了解患者病情时，应委婉地转变话题，不要突然转变，以免使患者产生不快。需要终止交谈时，要在患者的谈话告一段落后，告诉患者该休息一会儿了，以后有机会再谈。常见的结束交谈的方式如下：

① 道谢式，如"非常感谢您这次的配合"。

② 关照式，如"明天要查血常规，早晨请不要吃早饭"。

③ 征询式，如"要是没有什么问题，今天就先聊到这儿好吗？"。

④ 道歉式，如"很抱歉，我现在必须离开，等一会儿我们接着谈好吗？"。

⑤ 祝颂式，例如"与您聊天非常愉快，祝您身体健康"。

3. 善于赞美

美国著名作家马克·吐温说过，他可以为一个愉悦的赞美而多活两个月，在另一场合他又说，一句赞美的话等于他十天口粮，赞美是人们重要的心理需要。善于赞美，多给予或接受赞美，是健康养生的一大秘诀。有科学研究发现，语言讯息与人体免疫系统有着密切关系，好听、正面的说话除了可令人心情愉快外，还可以提升人的抗病能力。赞美的给予者，用自己的心去赞美值得赞美的人和事，如同慈善者的"施"，可以令自己的生活拥有更多的快乐；赞美的接受者，在赞美中受到鼓舞与激励，可获得心理上的满足。赞美是心与心的真诚交流，可消除人与人之间的隔阂。赞美可使人们之间的距离在不知不觉中缩短，一句简单的称赞，也许是一段美好友谊的开始。

每个人都喜欢被赞美，赞美是门学问，护理人员应掌握并运用好这门学问。赞美不一定是阿谀奉承，要注意赞美的语言一定要适度、得体，更重要的是真诚。在临床护理工作中，把握恰当的时机，给予恰如其分的赞美，往往能使护理工作开展顺利，得到患者的配合。

例如，给小宝宝做注射治疗时，可以赞美说"小朋友真勇敢，打针时眼睛都不眨一下"，这样一说，小宝宝可能就勇敢起来，不会哭闹了。对老年患者也一样，要不失时机地给予赞美，在协助其进行康复运动时可以鼓励说"这次我们配合得很好，坚持配合下去，您很快就可以康复出院了"。

4. 其他言谈技巧

（1）姿势要美。优美的姿势是交谈成功的第一步。俗话说，站如松，坐如钟，行如风。站着说话时要挺直腰杆，给人以挺拔的印象，不能弯腰驼背、低头含胸、东倒西歪。谈话的姿势往往反映出

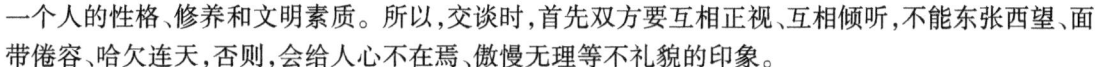

一个人的性格、修养和文明素质。所以,交谈时,首先双方要互相正视、互相倾听,不能东张西望、面带倦容、哈欠连天,否则,会给人心不在焉、傲慢无理等不礼貌的印象。

（2）表情要美。不同于文字和声音需要花费较多精力去组织才能精确地表达与理解,面部表情的表达与理解几乎是瞬间的(本能)。表情是非正式交流中最高效的沟通方式。面部表情在交谈中可以反映一个人真实的内心,一个甜美的微笑、一个深情的眼神,都会充分表达交谈者的内心世界,所以,说话时的面部表情特别重要。在与人交谈时要全神贯注,应该礼貌地注视着对方,目光要与对方有交流,注意观察对方的面部表情,不要左顾右盼、心不在焉,更不要板着面孔与别人交谈,给人以傲慢的感觉。

（3）动作要美。无论是在大庭广众之下说话,还是与人单独交谈,肢体语言也十分重要。在与人交谈时一举手一投足都应该做到姿势优美、配合得当、把握分寸、恰到好处,不能挤眉弄眼、手舞足蹈,这样不仅显得自己肤浅,还会让对方感到不快。

知识拓展

言谈礼仪之三到

1. 眼到。与对方要有目光的交流,注视别人的目光应友善,采用平视,必要的时候仰视,与人目光交流的时间为3~5秒钟,其他时间看嘴巴和眼部中间的位置。

2. 口到。讲普通话,热情正确称呼,表示对交往对象的尊重,反映个人修养。

3. 意到。通过微笑把热情、呵护表现出来,落落大方,不卑不亢,不能冷笑、假笑、怪笑、媚笑、窃笑。

任务二　护理工作中的言谈礼仪

护理人员在工作中,主要通过与患者的言谈交流来获得有关疾病的第一手资料。古希腊著名医生希波克拉底曾说过,医生能用两种东西来治病:一是药物,二是语言。由于护理职业的特殊性,只要说了话,这种语言的刺激就会作用于患者。语言是心理治疗与心理护理的重要手段,如果不起治疗作用便可能起致病作用,若语言运用不当,可能导致患者产生心理疾病,也会因此引发护患纠纷,给患者及医院造成不良影响。因此,每个护理工作者都应加强语言学习和修养,培养良好的语言素质。

一、护士语言修养的重要性

语言是护士与患者交谈、传递感情、互通讯息、沟通思想的重要工具,也是心理治疗的手段之一。护理工作离不开语言交流,无论是入院介绍、健康指导,还是为患者做各种治疗、心理护理等,护士都需要用语言与患者进行沟通,根据不同对象及其不同心理特征给患者以启发、开导,解除患者的思想顾虑,进而取得患者良好的配合。

患者对医护人员的言语非常敏感,如言语运用得当,能起到药物起不到的治疗作用,调动患者与疾病斗争的积极性,增加他们战胜疾病的信心。而不当的语言会增加患者的心理负担,导致疾病加重,甚至危及患者的生命。例如,有一位患者术后三天下地活动,当时他走了一圈自我感觉很好,这时来了一位护士问他"你不觉得头晕吗?"。她问完这句话走后没有几分钟,这位患者就感到了明显的头晕、恶心,赶紧躺下后这种感觉才缓解。如果这位护士能问"今天下地了,没有感觉什么不舒服吧？"或说"不错,挺坚强的,这么快就能下地了,这说明您恢复得很好",患者不仅心情愉悦,还能增强战胜疾病的信心。因此,护士需要加强语言艺术修养以提高交流效率,才能更好地为患者服务。护士语言修养的重要性体现在以下几个方面。

1. 良好的语言修养是护患沟通的重要工具

良好的语言修养能反映护士的文化素质和思想道德修养,而护士的自身素质又能反映一个医院的整体水平。护士不仅要掌握扎实的护理技能,还要提高自己的语言修养,只有这样才能在护理工作中得到患者的信任,更容易使患者在交流中敞开心扉,让护士尽可能在较短的时间内掌握患者所有的资料,让工作事半功倍。作为病室护士,在和新入院的患者交流时可以说"您好,我是您的责任护士,在您住院期间都由我为您进行护理,如果您有什么问题或不适,都可以找我"。短短的几句话就拉近了护士和患者的距离,患者会认为这位护士很有礼貌,尊重自己,修养很好,会很快对这位护士的护理技能产生信任,从而减少护患纠纷。

2. 良好的语言修养有利于建立良好的护患关系

俗话说,良言一句三冬暖,恶语伤人六月寒。这句话体现了语言修养的重要性。护士恰当地运用赞美、鼓励性的语言有利于改善护患关系,缩短护患双方的距离,容易取得患者的信任。要改造自己首先从增强自己的语言修养开始,学会只用积极的语言、肯定的语言,当然积极并不代表骄傲。绝不用消极的字眼,一旦出现立刻停止,重新用积极的语言表达,直至让心态积极为止。特别重要的是自我暗示,当消极情绪来临时,我们决不能听从它的摆布,在心底一次次地暗示自己："我行的,我一定有办法办到,方法总比困难多,换个方法试试,换个角度再想想。"当我们重复着这些暗示时,就能扫除心灵的阴影,找到适合自己的方法。从此刻开始,只用积极的语言说话。

3. 良好的语言修养能展示护士的个人魅力,增加人际吸引力

得体的语言可以反映出一个人的修养、谈吐,也是个人魅力的一种重要体现。亲切、坦诚的语言容易让人产生亲切感,护士运用得体、恰当的语言,不仅能帮助塑造护士的个人形象,更能体现一个护士的文化涵养和精神风貌。

4. 良好的语言修养有利于收集信息

护士通过交谈来了解和收集患者的身体、心理的信息,运用护理程序的工作方法解决患者的健康问题。新入院患者对医院环境不熟悉,容易缺乏安全感,不愿意配合治疗,护士应使用得体的语言安慰患者,取得患者的信任,以利于信息的收集。

二、护士应具备的语言修养

(一) 护患沟通的原则

护士与患者交谈时,要以维护患者的利益为前提,讲究职业道德,还要根据沟通对象、情境的差异,灵活运用语言,做到既有原则性又能被患者接受。

1. 原则性与灵活性的统一

做事既讲原则,又讲灵活,这不仅是马克思主义科学的思想、方法论,也是护士与患者交谈的原则。护士与患者交谈要采取平等相待的态度,维护患者的利益,讲求职业道德,不非议他人,不掺杂个人目的。护士有义务为患者保守秘密,以患者的需要为前提,对患者心存真诚的感激之情,平等对待患者,不以救世主的姿态出现,以免引起患者的不满和反感。因此交谈的方式既要有原则又要为患者所乐意接受。

2. 严肃性与亲切性的统一

护士与患者交流时应该保持一定的严肃性,同时也要让患者感到温暖亲切。当为患者解除忧愁时,话题应从同情关怀的角度,帮助患者将心中的愁苦说出来,并给予其启发、引导和鼓励,还可以用轻松愉快、幽默诙谐的语言缓解气氛。但在与一般患者交往时,应注意不要过多地谈论生活

琐事,不要用命令的口气和患者讲话,或训斥患者的无理要求。对一些言行不轨的患者,应严肃对待,加以劝阻,以保障护理工作的严肃性和护士自身的尊严。

3. 坦诚与慎言相结合

护士与患者之间相互尊重的前提是以诚相待。护士在与患者交谈时要坦诚,要讲真话,既不能夸大其词,也不能过于隐瞒病情,要尊重患者的知情权。特别是对诊断治疗上的一些意见更应慎口谨言,防止"祸从口出",以防加重患者病情。

4. 以情感为纽带,取得与患者沟通的最佳效果

护士在与患者交谈时,应体现出对患者的同情和关爱,态度应自然大方、诚恳温和,既要表现出对患者的关心体贴,又不失端庄文雅。要达到这一目的,护士应学会转换角色。只要穿上工作服上岗,护士就必须排除杂念,全身心地投入工作,不应该将个人的不良情绪带到工作中,向患者发泄或者迁怒于患者;另外,还应注意态度,与患者交流时应面带微笑,在患者备受疾病的折磨、极度痛苦时,应收敛笑容,给予关怀、同情的目光;要自然而不做作,切忌表情呆板、厌倦或冷漠。在与患者进行言语交流时,护士应注意姿态,无论是坐还是站,都应该稳重,不要左顾右盼,以表示自己是在耐心聆听;为患者做治疗护理时,要表情严肃、神情专注,切不可边做边聊,引起患者反感。

(二)护士语言修养的提高

作为一名护理人员,语言是做好护理工作必不可少的工具。能够很好地应用语言与病人沟通,进行心理护理和健康教育,是每位护士应具备的条件。随着护理事业的发展,心理护理工作在整个护理工作中的作用愈加重要,通过护士的语言、行为、礼仪等,使病人处于接受治疗的最佳心理状态。语言也是护士与患者、护士与医生、护士与护士之间相互联系、相互了解、相互配合的桥梁和纽带。因此,一名优秀的护士除具备高尚的道德情操、精湛的业务素质以外,还应具备高雅的语言修养。在护理工作中正确运用语言是必要的,也是十分重要的。人与人之间的接触、交流无疑是一项挑战。美国人际关系专家戴尔·卡耐基说过,一个人事业的成功,15%靠自身的努力,85%取决于良好的人际关系。社会经济的发展和人民群众对护理服务需求的多元化、高品质化,要求护士不仅具有精湛的技术,还应具有展现护士特有职业素质的行为规范和文化交际礼仪。护士应注重语言艺术修养,提高语言交流技巧,赢得患者的信任、合作和友谊,塑造良好的护士形象,促进护患关系和护理事业的发展。

1. 提高思想道德修养

思想道德修养是指个体在道德意识、道德行为方面,自觉地按照一定社会或阶级的道德要求所进行的自我审视、自我教育、自我锻炼、自我改造和自我完善的活动。

孔子说"有德者必有言",语言可直接反映说话者的思想、品德、修养。护理人员要经常性地学习,不断提高个人品质,加强职业道德修养,增强工作责任感,明确人生目标和正确选择生活道路,热爱本职工作,端正职业道德观念和道德行为,并能意识到工作中的一言一行都和患者的安危相关,进而把道德责任感转化为工作动力,把护理工作做好。

2. 提高文化素养

护士自身的素质、技术水平是第一位的。因此,护士要多学习理论知识,注重实践操作锻炼,虚心向经验丰富的同事学习,不断提高自身的综合素质。护士可以积极参与社会实践,增长见识,勤于思考,拓宽知识面,提高自己的文化修养。

3. 在生活中积累

护士的语言源于生活,是从生活中提炼出来的。护士的语言能给患者带来喜、怒、哀、乐,因此,护士在不断通过读书提高自己的文化素质的同时,还要积极地与社会各阶层的人进行交流,学习他们得体、高雅的语言,从中汲取营养,提高自己的语言表达能力。

4. 进行必要的语言训练

说话的产生包括四个过程。第一，呼吸作用制造发音的能量。第二，发声是透过声带的振动制造声音。第三，共鸣是让声音有独特的特质，以便辨认发声者。第四，清晰的声音是口与舌的动作制造出说话的音素。护士可以练习发声，掌握语气、语调、语速、音量、重音、停顿，使语言表达更优美。选择自己最好的声调，用这种声调进行沟通，练习朗读不同的文章，试着将感情投入声调中。注意说话速度、音量的训练，也可以将自己朗读和谈话的声音录下来，回放给自己听，让朋友提意见。

另外，要想迅速而高效地培养你的语商，建议你遵循"四要四不要"的策略。

（1）要实在，不要花言巧语。

说话和办事一样，都讲究实在，不要一味追求使用华丽的辞藻来装饰，更不要哗众取宠。

（2）要通俗，不要故作姿态。

说话要避免深奥，尽量使用大众化的语言，像俗语、歇后语、幽默笑话等，这样，你办起事来可能会事半功倍。

（3）要简明，不要模糊不清。

说话要简明扼要、条理清楚，不要长篇大论、言之无物，这样，别人会听不懂你说的话。

（4）要谦虚，不要"摆架子"。

假如你在说话时有"摆架子"的表现，倾听的人会十分反感。这样，你不但达不到说话的目的，还会影响听话人的情绪。要记住谦虚是说话人的美德。

三、护士应遵循的沟通礼仪与技巧

（一）护士应遵循的沟通礼仪

要以真诚、尊重的态度与患者进行沟通。沟通，意味着一种交流前后的变化，或者对这种变化的期待。心理有了某种失衡，才需要沟通。我们找的不是客观物化的解决办法，而是寻求心态和谐的思维方式。

最有效的人际沟通，乃奠基于真诚。真诚源于爱心，是与人为善，没有爱心便不会有真诚。真正的真诚必须从爱心出发，护士在与患者交流时多替对方着想，避免伤害患者，这正说明他们对患者充满爱心，一切为了患者的安全和健康着想。

（二）沟通的技巧

1. 认真倾听

倾听，属于有效沟通的必要部分，以求达成思想的一致和感情的通畅。狭义的倾听是指借助听觉器官接受言语信息，进而通过思维活动达到认知、理解的全过程；广义的倾听包括文字交流等方式。其主体是听者，而倾诉的主体是诉说者。两者沟通有排解矛盾或者宣泄感情等优点。倾听者作为真挚的朋友或者辅导者，要虚心，有耐心、诚心和善意为诉说者排忧解难。倾听不是简单地用耳朵来听，它也是一门艺术。倾听不仅仅是要用耳朵来听说话者的言辞，还需要一个人全身心地去感受对方的谈话过程中表达的言语信息和非言语信息。

生活中总有人需要我们的倾听，学会倾听能让我们感悟生活的真谛。想达到沟通的目的，第一步不是学会如何说话，而是学会如何倾听。善于倾听的人才是真正会交际的人。倾听也是获取灵感和信息的主要方式。同理心会让倾听更有效。同理心（Empathy），又叫作换位思考、神入、共情，指站在对方立场设身处地思考的一种方式，即与人交往过程中，能够体会他人的情绪和想法，理解他人的立场和感受，并站在他人的角度思考和处理问题，主要体现在情绪自控、换位思考、倾听以及表达尊重等与情商相关的方面。

护士在倾听时应注意什么话题是患者想避免的、何种情况下患者会转移话题等，与患者说话时要捕捉想要了解的关于患者的信息。

倾听要点主要包括以下几点。

（1）克服自我为中心：不要总是谈论自己。

（2）克服自以为是：不要总想占主导地位。

（3）尊重对方：不要打断对方，要让对方把话说完，不去深究那些不重要或不相关的细节。

（4）不要激动：不要匆忙下结论，不要急于评价对方的观点，不要急切地表达建议，不要因为与对方见解不同而产生激烈的争执；要仔细地听对方说些什么，不要把精力放在思考怎样反驳对方所说的某一个具体的小的观点上。

（5）注重一些细节：不要了解自己不应该知道的东西，不要做小动作，不要走神，不必介意别人讲话的特点。

倾听时有以下禁忌：

（1）对谈话内容漠不关心；

（2）只听内容，忽略感觉；

（3）无故打断对方的谈话。

2. 适当提问

把握提问的气氛、时间和效果，通过提问从患者的回答中发现问题的实质，为下一步的护理诊断提供依据。提问有几种类型。封闭式：答案是唯一的，有限制的，是在提问时给对方一个框架，让对方只能在框架里选择回答；开放式：答案是多样的，是没有限制的，是没有框架的，可以让对方自由发挥。提问是护士运用对话与采访与患者进行沟通的主要方式，提问质量的优劣、水准的高低，直接关系到能否为下一步诊断提供依据。

3. 诚恳说服

在与患者进行交流沟通的同时，护士会发现患者有很多的护理问题，而所有这些护理问题的解决，都需要通过说服工作去完成。说话本身是向人传递思想感情的，所以，说话时的神态、表情都很重要。说话只有做到态度诚恳和亲切，才能使对方对你的说话产生表里一致的印象。

4. 热情鼓励

心理学研究证明，获得别人的肯定和夸奖是人类共同的心理需要。一个人心理需要一旦得到满足，便会拥有积极上进的原动力。护理人员要用自己的语言鼓励服务对象树立战胜疾病的信心，积极配合治疗和护理，对患者取得的任何一点进步都要及时给予肯定和鼓励。

5. 掌握节奏

当遇到事情众所周知、感悟无法控制、精彩的故事进入高潮等情况时，就需要加快说话的节奏。除了简单的加速和减速之外，语言的节奏有多种形式。在日常生活中，一般有下面几种类型。

（1）高亢型。高亢型的语言声音偏高，起伏较大，语气昂扬，语势多上行。高亢的节奏能产生威武雄壮的效果。在进行鼓动性强的演说，或者叙述重大事件、宣布重要决定、讲解激动人心的故事的时候，往往会采用这种方式。

（2）低沉型。低沉型的语言语流偏慢，语气压抑，语势多下行。一般在讲述悲剧，或慰问、怀念等情况下多采用这种语言节奏，这种节奏使人感到低缓、沉闷、庄重。

（3）轻快型。轻快型语言节奏是最常见的，听起来不费力。日常性的对话一般采用这种节奏。

（4）舒缓型。舒缓型语言节奏是一种稳重、舒展的表达方式，声音比较平稳、从容，语调没有太大的起伏。

不同的语言节奏分别用于不同的场合、不同的环境。只有准确把握语言节奏，才能显示出口才的内在力量。充满节奏感的语言就像是一首优美的诗歌、一段动听的旋律。准确把握说话节奏，可以让交流更容易进行。

护理人员与患者交谈时语速不可以太快,声音不可以太高,应以患者能听到、能听懂为准,对患者难理解的话要放慢速度,在必要的时候还可以保持沉默。

6. 选题恰当

谈话时题材的选择是十分重要的,是关系到本次谈话能否成功的决定性因素。俗话说"听君一席话,胜读十年书",恰当的谈话题材,能给人以启发和教育;而不恰当的谈话题材,会让人感到"话不投机半句多",兴趣全无。在交流时,话题的选择一定要因人而异,如面对未婚男女不要谈育婴的问题,面对一个艺术家不要谈专业性的金融知识等。

(1) 根据交谈对象选择话题。护士要根据交谈的对象选择话题,在交谈前首先要针对对方的年龄、身份、地位,事先做了解,这对下一步双方交流时选取什么话题会有很大的帮助。因为每个人的年龄、职业、地位、阅历不同,所感兴趣的话题也不相同。要选择大家共同关心的话题,这样才能使交谈的双方感到有兴趣,患者才会积极参与、热情配合,在交谈中与护士产生共鸣。例如,面对残疾人不要谈运动,和久病卧床的患者不要谈旅游,不要和癌症患者谈死亡的话题等,这样会令对方不快、反感甚至产生对立情绪,不利于交谈的进行。

(2) 选择的话题应该避开他人的隐私。有的人对初次见面的朋友,或在职场与他人交谈时,会问对方很多有关隐私的问题,以示对对方的一种关心和热情。但这样会让他人感到很尴尬,让对方感到无法再进行交谈,所以属于对方隐私的话题,不应当提及。

7. 语言表达应文明、礼貌

护士作为有知识、有文化的专业技术人员,应随时注意维护自己的职业形象,在与患者交谈时使用文明、礼貌的语言。使用时要注意两点。① 使用礼貌用语,如表示问候时用"您好",要求患者配合时用"请",麻烦别人时用"打扰",得到患者理解、配合时用"谢谢",给患者造成不便、打扰或影响患者时用"对不起"等。② 应多使用带有赞许、尊敬、商量色彩的词和运用委婉语,如为患者进行护理时多采用商量的口吻,避免命令式的语气;患者吵闹、不配合时,应给予耐心的安慰和正面的诱导,不能训斥、埋怨患者。

8. 语言表达应注意规范性

护士在与患者接触的过程中,不宜随心所欲、信口开河,要注意语言的科学规范、言简意赅、通俗易懂,以免患者曲解了护理人员的意思,影响护理治疗的实施和护理的效果。因此,护理人员向患者解释、交代问题时首先语义应准确,表词达意合乎语法要求,尽量应用通俗易懂的语言,避免使用患者听不懂的医学术语;其次,语音要清晰,语调适中,语气温和,交流以普通话为主,也要努力掌握当地方言,以适应不同的对象,排除和减少交谈中的障碍。

9. 语言表达应注意情感性

护士的"情感"表现在责任感上。护士和普通人一样,也有自己的喜怒哀乐,但一旦进入工作状态,就进入了特定角色,就应激发自己的情感,使自己处于愉快且冷静的心境中,这样才能产生同情患者、信任患者、尊重患者的情感与情绪。护士切不可把个人生活或家庭中的不愉快心境带到工作情境中来,迁怒患者或向患者发泄。另外,护士说话的声音要轻,语调要温和,语速要慢,可以适当配合一些表情,如亲切温和的微笑等,让患者更容易接受。

10. 护士应对患者的隐私保密

患者的隐私是指患者在就诊过程中向医师公开的,但不愿让其他人知道的信息。法律有明文规定,医疗机构及其医务人员应当对患者的隐私保密。泄露患者隐私或者未经患者同意公开其病历资料,给患者造成损害的,应当承担侵权责任。

护士必须尊重患者的隐私权,对患者的隐私,如生理缺陷、性病、精神病以及其他不愿意让别人知道的所有个人资料加以保密。一般情况下,护士要实事求是地向患者告知病情和治疗的有关信息,但有些情况患者知道后可能会产生精神上的压力。尤其对癌症患者的诊断、化验结果,护士应选择时机,委婉、含蓄地加以告知,不该自己去告知患者的事情,要严格保守秘密,做到守口如瓶,切不可多嘴转告,以免弄巧成拙,好心办坏事。

知识拓展

患者隐私权

患者隐私权包括如下方面。

(1) 个人生活自由权。

权利主体按照自己的意志从事或不从事某种与社会公共利益无关或无害的活动,不受他人干预、破坏或支配。

(2) 个人生活情报保密权。

个人生活情报,包括所有的个人信息和资料,如身高、体重、女性三围、病历、身体缺陷、健康状况、生活经历、财产状况、社会关系、爱好、信仰、心理特征等。权利主体有权禁止他人非法使用个人生活情报资料。例如,对公民身体的隐秘部分、日记等不许偷看,未经他人同意不得强制披露其财产状况、社会关系以及过去和现在的其他不为外界知悉、传播的私事等。

(3) 个人通信秘密权。

权利主体有权对个人信件、电报、电话、传真及谈论的内容加以保密,禁止他人非法窃听或窃取。隐私权制度的发展在很大程度上是与现代通信的发达联系在一起的,信息处理及传输技术的飞速发展,使个人通信的内容可以轻而易举地被窃听或窃取,因而,保障个人通信的安全已成为隐私权的一项重要内容。

(4) 个人隐私利用权。

权利主体有权依法按自己的意志利用其隐私,以从事各种满足自身需要的活动,如利用个人的生活情报资料撰写自传、利用自身形象或形体满足绘画或摄影的需要等。对这些活动不能非法予以干涉,但隐私的利用不得违反法律的强制性规定,不得有悖于公序良俗,权利不得滥用。例如,利用自己身体的隐私部位制作淫秽物品,即应认定为非法利用隐私,从而构成违法犯罪。

(二)护士应遵循的言谈技巧

1. 选择合适的交谈内容

护患交谈时选择合适的内容是护理实践的一项重要任务。① 与患者谈一些与健康有关的内容。患者到医院就诊时最想了解的是"他们得了什么病、怎么得的、严重吗、怎么治"等,所以,护理人员与患者交谈时应谈论一些与疾病有关的健康问题。患者迫切希望从中了解更多有关健康的信息,提出很多想解决的问题。此时,护理人员应抓住时机与患者交流思想,沟通感情,尽可能向患者介绍有关的健康知识,这样既能达到健康教育的目的,又可以使患者感受到护理人员的关怀和重视。② 给患者一些安慰和鼓励。患者得病后往往情绪低落,悲观失望,缺乏自信,此时很需要得到他人的关怀和安慰。护理人员与患者交谈时应多给予其安慰和鼓励,调节患者的情绪,减轻患者对疾病的恐惧感,帮助患者树立战胜疾病的信心,以便增进护患双方的情感交流。

2. 学会倾听技巧

倾听在人际沟通中所占比例很大,想要与患者交谈,走进患者的内心,护士首先要学会倾听。当护士全神贯注地倾听患者的诉说时,患者就会感觉被接纳,愿意和护士进行交流,护士可以从中获得很多信息,既可以了解患者的病情,又增进了护患关系。

在人际沟通过程中,我们首先要学会倾听和了解别人。因为只有懂得倾听,我们才能赢得对方的信赖和好感,使沟通顺利进行。那么,怎样倾听才能让沟通更顺畅、更高效呢?

高效倾听的10个技巧如下所示。

(1) 鼓励对方先开口。

首先,倾听是一种礼貌,愿意倾听别人说话表示我们乐于接受别人的观点和看法,这会让说话者有一种备受尊重的感觉,有助于我们建立和谐、融洽的人际关系。其次,鼓励对方先开口可以有效降低交谈中的竞争意味,因为倾听可以培养开放融洽的沟通气氛,有助于双方友好地交换意见。最后,鼓励对方先开口说出其看法,我们就有机会在表达自己的意见之前掌握双方意见一致之处,这样一来,就可以使对方更愿意接纳我们的意见,从而使沟通变得更和谐、更融洽。

(2) 营造轻松、舒畅的氛围。

在紧张、拘束的沟通气氛中,谁都不愿意把自己的真实心声说出来,也就自然谈不上倾听。倾听需要营造一个轻松、舒适的环境,这样,说话者才能放松心情,把内心的真实想法、困扰、烦恼等毫无顾虑地说出来。因此,在与人交谈时,最好选择一个安静的场所,不要有噪声的干扰。如果有必要,最好将手机关掉,以免干扰谈话。

(3) 控制好自己的情绪。

在交谈过程中,所谈内容可能会涉及一些与自身利益有关的问题,或者谈到一些能引起共鸣的话题。这时要切记,对方才是交谈的主角,即使你有不同观点或很强烈的情绪体验,也不要随便表达出来,更不要与对方发生争执,否则很可能会引入很多无关的细节,从而偏离交谈的真正主题或导致交谈中断。

(4) 懂得与对方产生共鸣。

有效的倾听还要做到设身处地,即站在对方的立场和角度看问题。要努力领会对方所说的题中之意和言辞所传达的情绪与感受。有时候,说者不一定会直接把他的真实情感告诉我们,这就需要我们从他的说话内容、语调或肢体语言中获得线索。如果无法准确判断他的情感,也可以直接问"那么你感觉如何?"。询问对方的情感体验不但可以更明确地把握对方的情绪,也容易引发更多相关话题,避免冷场。当我们真正理解了对方当时的情绪后,应该对对方给予肯定和认同,如"那的确很让人生气""真是太不应该了"等,让对方感觉我们能够体会他的感受并与他产生共鸣。

(5) 善于引导对方。

在交谈过程中,我们可以说一些简短的鼓励性的话语,如"哦""嗯""我明白了"等,以向对方表示我们正在专注地听他说话,并鼓励他继续说下去。当谈话出现冷场时,也可以通过适当的提问引导对方说下去,如"你对此有什么感觉""后来又发生了什么"等。

(6) 与对方保持视线接触。

倾听时,我们应该注视着对方的眼睛。通常情况下,对方对我们是否在认真倾听他说话的判断,是根据我们是否看着他来做出的。如果在对方说话时我们的眼睛盯着别处,对方就会认为我们对他的谈话不感兴趣,从而打消谈话的积极性。

(7) 给予对方真诚的赞美。

对于对方说出的精辟见解、有意义的陈述,或有价值的信息,我们要及时予以真诚的赞美。例如,"你说的这个故事真棒""你这个想法真好""你的想法真有见地"等这种良好的回应可以有效地激发对方的谈话兴致。

(8) 适时提出疑问。

打断别人谈话是一种很不礼貌的行为,但"乒乓效应"则是例外。所谓"乒乓效应",是指我们在倾听过程中要适时地提出一些切中要害的问题或发表一些意见和看法,来响应对方的谈话。此外,如果有漏听或不懂的地方,要在对方的谈话暂告一段落时,简短地提出自己的疑问之处。

(9) 恰当运用肢体语言。

在与人交谈时,即便我们还没有开口,我们内心的真实情绪和感觉就已经通过肢体语言清楚地展现在对方眼前了。如果我们在倾听时态度比较冷淡,对方自然就会特别注意自己的一言一行,比较不容易敞开心扉。反之,如果我们倾听时态度诚恳,充满热情,对对方的谈话内容很感兴趣,对方就会备受鼓舞,从而谈兴大发。激发对方谈兴的肢体语言主要包括 自然微笑、身体略微前倾、时常看对方的眼睛、微微点头等。

(10) 暗中回顾,整理出重点,并提出自己的结论。

倾听别人谈话时,我们通常都会有几秒钟的时间在心里回顾一下对方的谈话内容,分析总结出其中的重点。在倾听过程中,我们只有删除那些无关紧要的细节,把注意力集中在对方说话内容的重点上,并且在心中牢记这些重点,才能在适当的时机给予对方清晰的反馈,以确认自己所理解的意思和对方一致,如"你的意思是……吗""如果我没理解错的话,你的意思是……对吗"等。

3. 善于引导患者谈话

引导是指通过行动帮人走出困境,或是带着人向某个目标行动。在跟人交谈时,要学会引导别人说话,引起对方的兴趣,表达自己对对方话题的兴趣,启发、诱导别人去谈。

护士要引导患者说出自己的观点、想法和感受,使患者宣泄内心的真实情感,达到心理的平衡,如"这次发病是什么原因?",这样使患者有较大的自主权,从而使护理更有针对性。

4. 利用移情提高沟通效果

护士要从患者的角度去感受、理解患者的情感。在护理工作中,患者有很多生理和心理方面的需求,其中最强烈的需求是能被人理解、同情,移情可使患者减少心理压力。例如,当患者了解到自己最后的诊断为宫颈癌时,你以同情的面部表情和语气去安慰鼓励她,使患者感觉到你非常理解她的身心痛苦与处境,患者会很乐意与你沟通,可建立很好的护患关系。

(三) 护士的语言要求

护士的语言应具有礼貌性、保护性、指导性、安慰性等特性,并应避免刺激性。

1. 礼貌性语言

护理人员在与患者交谈时应多使用文明用语,这不仅是自身文明的表露,而且也是尊重患者的表现。护士在工作中首先要学会使用日常生活中的招呼语、感谢语、致歉语、告别语,做到"请"字当先,"谢"不离口,常说"对不起",早晨见面互问"早晨好",平时见面互问"你好",分别时说"再见",得到别人帮助后说声"谢谢""多亏您的帮助",有求于人时说声"请""麻烦您""劳驾""请问""请帮助",打扰别人时说声"对不起""请原谅""很抱歉"。其次,对患者的称呼也应恰当、有礼貌,一般称呼对方用"您""同志";对长者用"大爷""大妈""老人家",不要用"喂""老家伙""老太婆""老头"等;对儿童用"小朋友""小同志""小同学",不要用"小家伙""小东西"等。最后,注意多用商量的口气,少用命令的语气,如"您请坐""请打开窗户好吗""同志,请您让开一点",就比"坐下""打开窗户""喂,躲开"礼貌、和气、文雅得多,并能使人乐意接受。

2. 保护性语言

护理人员必须注意语言的保护作用,以免对患者产生不良的心理刺激。医护人员是患者可信赖的人,古时流传这样一句话:"人有三不背:一不背父母,二不背师长,三不背医生。"这表明患者对医护人员的高度信任,愿意把自己的病因、心愿、要求以及生理缺陷和隐私向医护人员倾诉,而护士则必须注意语言的保密性,特别是切不可把患者的生理缺陷和隐私当作新闻传播。对于恶性肿瘤患者,护士不应将实情直接向患者透露,要有技巧性地说,或有所保留地告诉其病情的主要情况,以免加重患者的心理负担,不利于健康的恢复。

3. 指导性语言

指导性语言多用于指导患者,使其了解应遵守的某些常规或指导患者如何在操作中配合护士。指导性语言可使患者愉悦,愿意配合护士的工作。相反,命令式的指导性语言会引起患者的反感。常用的指导性语言如"请您先休息一下,明天咱们要抽血检查,抽血前尽量减少运动量,不要吃食物,保持空腹,可以喝少量的水,抽血前的晚上应睡眠充足";静脉输液时指导患者"请您不要随意调节滴速,以免引起不适"。

4. 安慰性语言

患者在病痛中都渴望得到别人的安慰,护士在护理操作中要多使用安慰性语言安抚患者,使患者感受到护士的热情与关心,能起到稳定患者情绪、减轻患者身心痛苦的作用。护士在使用安慰性语言时,首先要了解患者的情况,态度要诚恳,要设身处地地为患者着想,不同的患者应采用不同的安慰方式。比如,对事业心强的中青年人,可安慰他们说"留得青山在,不怕没柴烧,身体是财富,是事业的本钱";对病情较长的人,可对他们说"既来之,则安之,吃好、休息好、配合治疗,病会很快好起来的"。

5. 禁用刺激性语言

在护理过程中,刺激性语言和命令式语言是导致护患矛盾的主要原因。它会使患者产生一种抵触情绪,不能很好地配合治疗,影响治疗效果。因此,护士在工作中禁用刺激性语言,多鼓励、多劝解,使患者积极配合治疗,加速疾病的痊愈。总之,语言是护患沟通的重要工具,在临床护理工作中,只有巧妙地、灵活地运用语言技巧,将有声语言和无声语言有机结合,才能达到最佳的沟通目的,建立良好的护患关系,使患者早日康复。

(四)护士的态势语言

在临床护理中,护患之间传递信息,除了依赖语言这种手段外,也可运用非语言,即态势语言代替语言进行信息交流。态势语言也称为身体语言,是人们进行交际时,通过自己的目光、姿态、神情、动作等来表达思想感情、传递信息的一种重要的交流方式。恰当的态势语言能弥补有声语言的不足,使听的人容易理解和接受,从而产生良好的效果。

美国心理学家艾伯特·梅拉比安提出了一个公式:感情的全部表达=7%语言+38%声音+55%的动作语言,所以不能低估态势语言的交际作用。护士应该研究它,因为这种语言虽然无声,但却对有声的语言起着形容和强化的作用。

1. 面部表情

面部表情是指通过眼部肌肉、颜面肌肉和口部肌肉的变化来表现各种情绪状态。比如,眼睛不但可以传情,还可以交流思想。面部表情是一种十分重要的非语言交往手段。艺术家们往往会通过对人物面部表情的描绘,来表现人物内心的情绪和情感,栩栩如生地展现人物的精神风貌。在护理工作中,护士流露的表情应和蔼可亲、乐观向上,具有较强的感染力。一张热情、友好、和蔼可亲的面孔会缩短护士与患者之间的距离。护士面带微笑可给患者营造一种亲密无间的气氛,会使患者感到欣慰。做治疗护理时,护士应表情严肃、神情专注,以表明自己对工作是认真负责的。面部表情是仅次于语言的一种交际手段,而在千变万化的表情中,目光和微笑的运用又是至关重要的。

面部表情可以分为八类:感兴趣—兴奋,高兴—喜欢,惊奇—惊讶,伤心—痛苦,害怕—恐惧,害羞—羞辱,轻蔑—厌恶,生气—愤怒。一般来说,眼睛和口腔附近的肌肉群是面部表情最丰富的部分。

2. 目光

眼睛是心灵的窗户,能够最直接、最完整、最深刻、最丰富地表现人的精神状态和内心活动,能够冲破习俗的约束,自由地沟通彼此的心灵,能够创造无形的、适宜的情绪气氛,代替词汇贫乏的表达,促成无声的对话,使两颗心相互进行神秘的、直接的窥探。眼睛通常是情感的第一个自发表达者,透过眼睛可以看出一个人欢乐还是忧伤,烦恼还是悠闲,厌恶还是喜欢。从眼神中有时可以判断一个人的心是坦然还是心虚,是诚恳还是伪善:正眼视人,显得坦诚;躲避视线,显得心虚;斜着眼,显得轻佻。眼睛的瞳孔可以反映人的心理变化:当人看到有趣的或者心中喜爱的东西时,瞳孔就会扩大;而看到不喜欢的或者厌恶的东西,瞳孔就会缩小。目光可以委婉、含蓄、丰富地表达爱抚或推却、允诺或拒绝、央求或强制、询问或回答、谴责或赞许、讥讽或同情、企盼或焦虑、厌恶或亲昵等复杂的思想和愿望。眼泪能够恰当地表达人的许多情感,如悲痛、欢乐、委屈、思念、温柔、依赖等。

人们内心深处的所有语言、情感和情绪都可以通过这个窗户传达出来,因而它最能倾诉情感、沟通心灵。护士在护理工作中要巧妙地运用目光来增强说话的感染力。在交流时护理人员专注、温柔的目光,能使新入院的患者消除紧张、焦虑的情绪,对护士增加信任感,可以使孤独的患者得到温暖,可以让沮丧的患者重建自信,可以给自卑的患者带去尊重。此外,在护理工作中,护士也要善于解读患者目光中的信息,从患者眼神中挖掘其深层心理。当患者眼神闪烁不定时,我们应当意识到患者存在难言之隐,通过观察言语、行为等方式进一步确定其需要或问题。

3. 手势

手势又叫手姿,是指人的两只手及手臂所做的动作。它是身体语言的一个重要组成部分,不同的手势代表不同的含义,如单手挥动表示"告别、再见",竖起大拇指表示"赞赏、佩服",手拍前额表示"健忘、后悔",不停地搓手表示"为难",摆手表示"不同意,请你走开"。在护理工作中,护士经常用手势来配合语言进行有效的沟通,也会使用手进行各种护理技术操作,如用手持物、端治疗盘、推车等。护士最基本的手势有两种:一是双手自然下垂,掌心向内相握于腹前;二是双手伸直下垂,掌心向内分别贴放于大腿两侧,多用于站立之时。护士应把握并运用好正确的手势,更好地在护理工作中体现艺术美。

4. 触摸

在护患交往中,触摸是一种有效的沟通方式,握手、拥抱、轻拍肩臂等这些动作可使患者感到护士对他的关怀,减轻孤独感,可帮助患者面对现实,在疾病的治疗和护理中起到特别作用。对一个心情烦躁的患者,触摸可以使其安静下来;对听力、视力不佳者,触摸可引起对方注意,起到加强沟通的作用。触摸患者时应考虑患者的性别、年龄、社会文化、当时的情况等多种影响因素。

(五)护患交流禁忌

忌用语是指不礼貌的语言,或他人忌讳的语言,或会使他人引起误解、不快的语言。护理人员提高护理质量,不但要认真改善服务态度,还应明白自己在护患交谈中应该说什么、怎么说。作为有知识、有文化又有素养的现代人,在与患者交谈时应使用文明优雅的语言,绝不能用以下忌用语。

① 忌用粗话、脏话、土话和行话,这是对患者的不尊重,是没有素养的表现。

② 忌出言不逊、恶语伤人、斥责和讥讽对方,要知道"利刃割体痕易合,恶语伤人恨难消"。

③ 忌用质问式的语言,以免使对方产生一种被审讯的感觉,从感情上难以接受,令人不愉快。

④ 忌用命令式的语言,因为这会使对方感到自己被驱使,而致使对方产生不平等的心理,进而不愿与护士交谈或合作,甚至会远离和逃避这种交谈。

⑤ 忌在交谈中涉及疾病、死亡之类的话题,少用使人感到恐惧、不吉利的语言,多用安慰、鼓励和祝福的语言。

⑥ 忌对别人不愿回答的问题刨根问底。

案例评析

案例：

小刘今年刚当护士不久，人也年轻，精气神足，上级领导想要着重培养一下小刘，安排他看护医院的老年患者。小刘平时的朋友基本都是同龄青年，平时在网上聊天或是和朋友吃饭的时候他也很放得开，但就是有个小毛病，说话容易带脏字。他觉得这很正常，年轻人都这样，所以在护理过程中，他也没有着重注意这些细节。结果没多久，医院就接到很多小刘护理的患者的投诉，说他护理时态度不好，甚至还有人举报他辱骂患者，小刘一脸委屈，也不知道怎么把这些患者给得罪了。

评析：

语言是一门艺术，在日常生活中它的作用无处不在。作为护理人员，每天接触不同的人，语言的魅力更加凸显。言之有礼，谈吐文雅，是言谈礼仪的基本要素。言谈时，态度要诚恳、亲切，用语要谦逊、文雅，声音要大小适当，语调应平和沉稳。患者本身身体状况不佳，因此对外界的刺激非常敏感。护士的语言如果运用得当，能起到药物起不到的治疗作用，调动患者与疾病斗争的积极性，增加他们战胜疾病的信心。而无礼、不当的语言会增加患者的心理负担，导致疾病加重，甚至危及患者的生命。

实践模拟：

首先列举日常话语中哪些是对于普通人无妨而对于患者不太合适的话语，随后模拟患者与护士，看如何通过语言艺术说服患者主动按时服药，或是说服患者不要讳疾忌医，并请老师进行简单点评。

思考与练习

一、名词解释

保护性语言　态势语言

二、选择题

1. 关于言谈的基本特征，错误的是（　　）。
   A. 内容多样性　　B. 真实自然性　　C. 相互包容性　　D. 单向沟通性
2. 护患沟通的原则不包含（　　）。
   A. 原则性与灵活性的统一
   B. 严肃性与纪律性的统一
   C. 坦诚与慎言相结合
   D. 以情感为纽带，取得与患者沟通的最佳效果
3. 言谈语言要准确，以下不正确的是（　　）。
   A. 发音要准确　　B. 语速要适度　　C. 内容要非常详细　　D. 语气要谦和
4. 不属于护患交流禁忌的是（　　）。
   A. 忌用粗话、脏话、土话和行话，这是对患者的不尊重，是没有素养的表现
   B. 忌出言不逊、恶语伤人、斥责和讥讽对方
   C. 忌用质问式的语言，以免使对方产生一种被审讯的感觉，从感情上难以接受，令人不愉快
   D. 忌询问患者身体状况和年龄

5. 关于沟通的技巧,错误的是( )。
    A. 认真倾听   B. 适当提问   C. 必须说服   D. 掌握节奏
6. 不涉及个人隐私的是( )。
    A. 收入支出   B. 年龄大小   C. 恋爱婚姻   D. 兴趣爱好

项目五　护士姿态礼仪

学习目标

1. 掌握手姿、站姿、坐姿、走姿、蹲姿礼仪。
2. 掌握姿态礼仪的训练内容与方法。
3. 掌握手姿、站姿、走姿、坐姿、蹲姿的基本要求及注意事项。
4. 能完成托治疗盘、拿病案夹、推治疗车及下蹲拾物等动作。
5. 能完成标准的手姿、站姿、坐姿、走姿及蹲姿。

案例导入

张大爷今年78岁，去年因车祸导致双腿瘫痪失去知觉，一直在某医院进行康复护理。因为工作调动，张大爷的固定护士被调走，新换来小李作为张大爷的新任护士。小李刚做护士不久，刚开始进行护理的时候，由于经验不足，又有点紧张，经常会做出一些拽衣角、咬手指的小动作，同时在照顾张大爷的时候动作略显粗鲁，导致张大爷在上下床时都十分痛苦，结果没多久，医院就接到了张大爷儿子投诉小李的信。

思考与讨论：
（1）护士小李为何会被投诉？
（2）小李咬手指等小动作并没有直接危害到张大爷的健康，为什么也应当予以改正？

点评： 护士姿态的规范得体，直接反映出护士的内在素养，也影响着服务对象对护士的印象和评价。在从单纯的疾病护理转向对患者的身心整体护理服务的过程中，护士的举止要符合约定俗成的行为规范，做到"坐有坐姿，站有站相，行有风度"，在操作中应动作轻巧、节奏明快，严格规范自己的各项操作行为，体现出护士良好的文化修养。护士自然得体的举止、热情大度的风范可使患者产生信赖感、亲切感和温暖感。护士良好的举止离不开礼仪修养的培养和训练。

任务一　护士的手姿

一、护士正确的手姿和错误的手姿

手是人体最灵活的一个部位，法国大画家德拉克洛瓦认为"手应当像脸一样富有表情"。手姿，又叫手势，即人的双手及双臂在特定的情况下，按照规定或习惯所做出的动作，所以手姿是最丰富、最具表达力的身体语言。古罗马的政治家西塞马说过"一切心理活动都伴有指手画脚等动作",便是从侧面反映了手姿的重要性。在长期的社会实践过程中,手姿被赋予了种种特定的含义,具有丰富的表现力,加上手有指、腕等关节,活动幅度大,具有高度的灵活性,手姿便成了人类表情达意的最有力的手段,在体态语言中占有最重要的地位。

手姿可以是静态的,亦可以是动态的。在人际交往中,恰当地运用手姿,不仅可以准确地传达意思,而且更加生动形象,易于理解。

(一) 正确的手姿

1. 垂放

双手自然下垂,掌心向内,紧贴于两大腿的外侧,或双手自然下垂,掌心向内,叠放或相握于下腹部。此手姿多用于站立时,显得人比较挺拔,而且多用于正式场合,显示正式、庄重。

2. 背手

抬头挺胸,双臂伸于身后,双手相握。多用于男性行走或站立时。此手姿既显示正式,又可自我镇定。

3. 自然搭放

护士与患者或患者家属交谈时,身体尽量靠近桌子或床尾,上身挺直,将手自然放于身旁的桌面或床尾床栏上。此手姿可给人亲近感,同时可拉近与沟通对象之间的距离。

4. 持物

持物即用手拿东西,可单手,也可双手。要点:动作自然、轻柔,五指自然并拢,用力均匀;切忌翘起小指或无名指,呈做作之态。

5. 鼓掌

鼓掌是用来表示祝贺、欢迎的一种手势。鼓掌时左手掌心朝上,右手掌心朝下,有节奏地用掌心互拍。有时为了表示场合的隆重、情感的热烈,人们会起身站立鼓掌。忌鼓倒掌,忌和大多数人鼓掌节奏、时间不同步等。

6. 夸奖

夸奖主要用于表扬他人。夸奖时手呈握拳状,伸出拇指,指尖朝上,指腹朝向被夸奖的人。忌将手指向自己的鼻子,有自高自大、不可一世之意,亦不可将拇指竖起来反向指向他人,有藐视之意。

7. 指示

指示多用于引导来宾,指引方向。护士多站姿,指引方向时一手自然垂放体侧,另一只手从体侧抬起,手臂自然弯曲,掌心向上,手指并拢,手臂的延长线指向来宾要去的方向。切记视线与指示方向保持一致;忌视线与指示方向相矛盾,使来宾迷惑。

8. 与人道别

右手轻轻抬至身体的右上方,与头部相平齐或比头部略高,手指并拢,掌心向外,轻轻挥动。此手姿多用于与他人道别时,是工作和生活中常用的手势之一。

(二) 错误的手姿

1. 易引起误解的手姿

一般有以下两种情况会引起他人误解。一是出于个人习惯,使用不通用也不被别人理解的手势。二是不同文化背景赋予相同的手势不同的含义。比如,同样是挥手打招呼,北美人是举臂,张开手,来回摆动;意大利人和希腊人仅用手指向内勾动。

2. 不卫生的手姿

在他人面前抠鼻子、剔牙、挠痒痒、抠脚等这些手姿不仅不卫生,而且很不礼貌。

3. 不稳重、失敬于人的手姿

与人见面时,双手乱摸、乱动或因紧张做出折衣角、咬手指、挠头等手姿,都会给人不稳重的感觉。尤其是在正式场合,有长辈或尊者在场时,更是应该禁止。

(三)标准握手礼仪

(1) 注意场合。一般在见面和离别时握手。冬季握手时应摘下手套,以示尊重对方。一般应站着握手,除非生病或场合特殊,但此时也要欠身握手,以示敬意。

(2) 注意伸手顺序。一般来说,和妇女、长者、主人、领导、名人打交道时,为了尊重他们,把是否愿意握手的主动权赋予了他们。但如果另一方先伸了手,妇女、长者、主人、领导、名人等为了礼貌起见也应伸出手来相握。见面时对方不伸手,则应向对方点头或鞠躬以示敬意。见面对象如果是自己的长辈或贵宾,而且他们先伸了手,则应该快步走近,用双手握住对方的手,以示敬意,并问候对方"您好""见到您很高兴"等。

(3) 掌握握手方式。和新客户握手时,应伸出右手,掌心向左,虎口向上,以轻触对方为准(如果男士和女士握手,则男士应轻轻握住女士的手指部分)。时间1~3秒钟,轻轻摇动1~3下。

(4) 把握握手力量。握手力量根据双方交往程度确定。和新客户握手应轻握,但不可绵软无力;和老客户应握重些,表明礼貌、热情。

(5) 长久地握着异性的手不放是不礼貌的。男士与女士握手时间要短一些,用力要轻一些,一般应握女士的手指。

(6) 在正常情况下,坐着与人握手是不礼貌的。握手时,应站起身来表示礼貌。

(7) 握手时目光应该注视对方,用专注的表情表示礼貌,要避免目光他顾,心不在焉,也不应该目光下垂,因为那样显得拘谨。

(8) 握手时一定要用右手。用左手与人握手是不合适的。在特殊情况下用左手与人握手应当说明或者道歉。

(9) 握手时不宜交叉握手。各种场合,握手要讲究顺序,不要越过其他人正在握手的手去同另一个人握手。

(10) 在某些情况下,如老友久别重逢,或会见嘉宾,握手的时间可以稍长一些,还可以同时伸出左手去握住对方右手的手背,两手做紧握状,不过这种方式不能对女士或初次相识者使用。

(11) 若一个人要与许多人握手,那么最有礼貌的顺序应该是:先上级后下级,先长辈后晚辈,先主人后客人,先女士后男士。

任务二 护士的站姿

一、站姿简述

站姿,又称站相或立姿,是人在站立时所表现出的姿态,是人最基本的姿态,也是其他一切姿态的基础。站姿是一种静态的姿态,护士良好的站姿能显示出自信、挺拔、稳重、礼貌的风采,并给他人留下美好的印象。标准的站姿,从正面观看,全身笔直,精神饱满,两眼正视,两肩平齐,两臂自然下垂,两脚跟并拢,两脚尖张开60°,身体重心落于两腿正中间;从侧面看,两眼平视,下颌微收,挺胸收腹,腰背挺直,手中指贴裤缝,整个身体庄重挺拔。好的站姿,不是只为了美观而已,对于健康也非常重要。站姿是人们平时所采用的一种静态的身体造型,同时又是其他动态的身体造型的基础和起点,最易表现人的姿势特征。在交际中,站姿是每个人全部仪态的核心。如果站姿不够标准,其他姿势便根本谈不上什么优美。站姿包括基本站姿、标准站姿和沟通站姿三种。

(一)基本站姿

1. 正确的基本站姿

护士站立时头正、颈直,下颌微收,双眼平视,嘴角微微上翘,两肩外展,双臂自然下垂,双手虎口朝前,下垂在身体两侧。同时挺胸收腹,收臀并膝,两脚脚跟并拢,脚尖自然分开,呈 45°～60°,重心落于两脚掌中间。此站姿多用于同事之间的交谈,见图 5-1。由于性别的差异,男女护士的站姿有所不同,女护士要求优美,男护士更侧重于稳健。男护士双脚可并齐,脚尖自然分开,也可平行分开,但不超过肩宽。

2. 错误站姿

切忌表情自由散漫、驼背、耸肩、撅臀、两腿弯曲等。站立时间较长可以一腿支撑,另一腿稍放松,保持自然随和。但是随便倚靠在患者床旁、墙边、桌子上,都会给人敷衍、懒散的感觉,影响护士的圣洁形象,是不允许的。

(二)标准站姿

在基本站姿的基础上,保持头平、颈直、肩夹、背挺,双脚呈"Y"形,双腿并齐,收腹提臀,双手交叉于身前,右手在上,左手在下,掌心向内,手指并拢向下。此站姿多用于迎送患者等。男性的标准站姿与基本站姿一样,见图 5-2。

(三)沟通站姿

1. 正确的沟通站姿

在基本站姿的基础上,双脚呈丁字步,左脚在前,右脚在后,左脚的脚跟紧靠右脚脚弓,重心落在右脚上,身体向前微倾,双臂自然下垂,右手在腹前轻握左手,左手呈空拳状,右手拇指伸于空拳中,其余四指轻轻搭在左手上,手腕上扬。此站姿多用于护士与患者沟通和交流时,见图 5-3。

图 5-1　基本站姿　　　图 5-2　标准女性、男性站姿　　　图 5-3　沟通站姿

2. 错误的沟通站姿

重心不稳,左摇右晃,给人不稳重的感觉,或架肩,支起双臂,有做作之嫌或旁人能看见左手的手指等都属于错误的沟通站姿。

任务三　护士的坐姿和蹲姿

一、护士正确的坐姿和错误的坐姿

护士在日常工作中,除了需要经常站立外,还有很多情况是需要坐着完成的,如看病案、书写护理记录、接听电话等。因此,训练端庄、稳重、文雅、舒适的坐姿是十分必要的。

正确的坐姿,除了遵循技巧摆放双腿外,还应时时保持上半身挺直的姿势,也就是颈、胸、腰都要保持平直。

1. 正确的坐姿

在站姿的基础上,后退一步,后边的一条腿轻碰椅子,用手在身后把护士服下摆持平,轻轻落座,臀部位于椅子前1/2或2/3处,上身挺直,双肩放松,下颌微收,两腿并拢,小腿略后收或小交叉。女士双腿必须并拢,双脚可并齐或前后放置。双手自然交叉或相握放于大腿上,见图5-4。男士双腿可略微分开,但不宜超过肩宽,双手分别置于两腿上,或跷起二郎腿,双手重叠,放于上面大腿上,但注意脚尖不可指向他人,见图5-5。

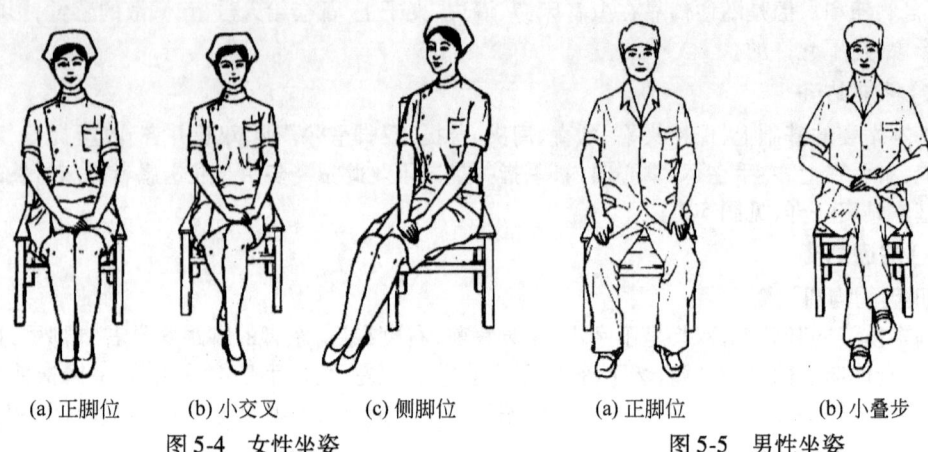

(a) 正脚位　　(b) 小交叉　　(c) 侧脚位　　　　(a) 正脚位　　　　(b) 小叠步

图 5-4　女性坐姿　　　　　　　图 5-5　男性坐姿

坐姿要点:

(1) 入座时要轻而稳,走到座位前,转身后,轻稳地坐下。女子入座时,若是裙装,应用手将裙摆稍稍拢一下,不要坐下后再站起来整理衣服。

(2) 面带笑容,双目平视,嘴唇微闭,微收下颌。

(3) 双肩平正放松,两臂自然弯曲放在膝上,也可放在椅子或沙发扶手上。

(4) 立腰、挺胸,上体自然挺直。

(5) 双膝自然并拢,双腿正放或侧放。

(6) 坐满椅子的1/2或2/3,脊背可轻靠椅背。

(7) 起立时,右脚向后收半步而后起立。

(8) 谈话时,可以侧坐。

2. 错误的坐姿

入座时,双腿劈开,双腿抖动,椅子坐得太满,臀部坐满椅子,懒洋洋靠在椅背上,跷二郎腿,用手支撑下巴或玩弄衣襟,挖耳朵,抠鼻子等都属于错误的坐姿。

 知识拓展

就座的常规礼仪

1. 就座顺序。与他人一起就座时,一定要讲究先后顺序。一般情况下,请位尊者先就座,平辈之间或亲友之间可同时就座。尤其要注意,抢先就座是失态的一种表现,是禁止的。

2. 正确的就座方向。在条件允许的情况下,通常遵循"左进左出"的原则,即从左侧走向自己的座位,从左侧离开自己的座位。

3. 落座无声。无论在什么场合,就座时,均应做到不慌不忙、落座无声,这是自身修养的一种体现。

二、护士正确的蹲姿和错误的蹲姿

蹲姿即护士下蹲的姿势,是护理人员常用的姿势之一,多用于拾捡物品、整理床旁桌等。

下蹲时,在站姿的基础上,后撤半步,前腿高,全脚掌着地,后腿低,半脚掌着地,上身保持正直,重心落于两脚之间,双手背在身后抚平衣裙,之后顺势放于两腿中间,压紧裙摆,见图5-6。

忌面对他人下蹲、背对他人下蹲或下蹲时双腿平行叉开,即"洗手间姿势",这都是对别人的不尊重。下蹲时低头、弯背,或弯上身、翘臀部等姿势都十分不雅。

图 5-6 正确蹲姿

任务四 护士的走姿

一、护士正确的走姿和错误的走姿

走姿又称为行姿,是指人在行走过程中形成的姿势。与站姿、坐姿相比,走姿充分体现了护士的动态之美和意气风发的精神风貌。一名训练有素的护士在街上行走,应该有那种在千百人中,单凭你背后的走姿就能轻松分辨出你与众不同,可以大致推断出你的护士职业的效果。走姿是人体所呈现出的一种动态姿势,是站姿的延续。走姿文雅、端庄,不仅给人以沉着、稳重、冷静的感觉,也是展示自己气质与修养的重要形式。注意走姿也可以防止身体的变形走样,甚至可以预防颈椎疾病。

1. 正确的走姿

简单来说,正确的走姿主要有三个要点:从容、平稳、直线。

正确的走姿应当身体直立,收腹直腰,两眼平视前方,双臂放松,在身体两侧自然摆动,脚尖微向外或向正前方伸出,跨步均匀,两脚之间相距一只脚到一只半脚的距离,步伐稳健,步履自然。

正确的走姿要有节奏感。起步时,身体微向前倾,身体重心落于前脚掌,行走中身体的重心要随着移动的脚步不断向前过渡,不要让重心停留在后脚,并注意在前脚着地和后脚离地时伸直膝部。步幅应根据身高、着装与场合的不同而有所调整。女性在穿裙装、旗袍或高跟鞋时,步幅应小一些;相反,穿休闲长裤时步幅就可以大些,凸显靓丽与活泼。

练习时可注意以下几点:

(1)挺起胸部,全身伸直,背和腰不能弯曲,膝部也不能弯曲,全身成为一条直线;

(2)成一直线前进,不左右摇摆,脚尖向前伸出,不应向内、向外;

(3)两臂自然摆动,不晃肩膀,两臂或两手大幅摇摆都不好看。手腕也要配合,手掌向体内,以身体为重心,前后摇摆,但幅度不能太大;

(4)姿态自然,全身协调,不要死板僵直地前进,这样会显得太呆板;摇摆太厉害,则显轻佻;走的时候自然配合手脚动作,方能显示走路的姿态美。

行走中,两眼平视前方,昂首挺胸,以胸带步,身体的重心随两腿前行而平移,不拖脚,不发出声响,步幅均匀,在30厘米左右(大概自己一只脚的长度),两臂自然伸展,一前一后有节奏地摆动。在摆动时,手要协调配合,掌心向内,自然弯曲。摆动的幅度不要过大,以30°左右为宜。

女士正确的走姿有以下几种。

(1)上半身不要过于晃动,自然又均匀地向前迈进,这样的走路姿态,不疾不徐,给人如沐春风的感觉,可谓仪态万千。

（2）女士走路时手部应在身体两侧自然摇摆,幅度不宜过大。如果手上持有物品,如手提包等,应将大包挎在手臂上,小包拎在手上,背包则背在肩膀上。走路时身体不可左右晃动,以免妨碍他人行动。雨天拿雨伞时,应将雨伞挂钩朝内挂在手臂上。

（3）女性在走路时,不宜左顾右盼,经过玻璃窗或镜子前,不可停下梳头或补妆,还要注意不要左推右挤,这样不但有碍于他人走路,看起来也不雅观。在行进过程中,如果有物品遗落在地,不要马上弯腰拾起。正确的姿势是,首先绕到遗落物品的旁边,蹲下身体,然后单手将物品捡起来,这样可以避免正面领口暴露或裙摆打开等不雅观的情况出现。

（4）一些女性由于穿高跟鞋,走路时鞋底经常发出踢踏声,这种声音在任何场合都是不文明的,容易干扰他人。因此在正式的场合,以及人较多的地方,注意不要在走路时发出太大的声响。

男护士在行走中,应挺胸抬头,收腹直腰,肩平,两眼平视,展现男士豪迈的阳刚之气。

（1）走路时要将双腿并拢,身体挺直,双手自然放下,下巴微向内收,眼睛平视,双手自然垂于身体两侧,随脚步微微前后摆动。双脚尽量走在同一条直线上,脚尖应朝向正前方,切莫呈内八字或外八字,步伐以自己足部长度为准,速度不快不慢,尽量不要低头看地面,那样容易使人们感觉你要从地上捡起什么东西。正确的走路姿态会给人一种充满自信的印象,同时也给人一种专业的感觉,让人赞赏,因此走路时应该抬头挺胸,精神饱满,不宜将手插入裤袋中。

（2）走路时,腰部应稍用力,收小腹,臀部收紧,背脊要挺直,抬头挺胸,切勿垂头丧气。气要平,脚步要从容和缓,要尽量避免短而急的步伐,鞋跟不要发出太大声响。

（3）上下楼梯时,应将整只脚踏在楼梯上,如果阶梯窄小,则应侧身而行。上下楼梯时,身体要挺直,目视前方,不要低头看楼梯,以免与人相撞。此外,弯腰驼背或肩膀高低不一的姿势都是不可取的。

（4）走路时如果遇到熟人,点头微笑招呼即可,若要停下步伐交谈,注意不要影响他人的行进。如果有熟人在你背后打招呼,千万不要紧急转身,以免紧随身后的人应变不及。

2. 不同情况下的走姿

（1）上下楼梯时。医院里人员流动大,楼梯多很拥挤,应自觉遵循右上左下、单行行走的原则,保持楼梯的通畅。护士在为他人带路时,应走在人前,起到引导作用。不准并排行走,更应避免边走边谈。不管有多紧急的情况,护士不可推挤他人或在人多的楼梯上快速奔跑,防止发生危险。

（2）排队。需要排队等待时,护士应自觉遵守秩序,按照先来后到的原则,与他人保持距离,不可插队,亦不可催促。

3. 错误的走姿

错误的走姿包括高低肩、弯腰驼背、瞻前顾后、步态拖拉、声响过大、八字步态、在病房重步且慌张急迫、边走边吃、边走边说笑等。错误的走姿有以下几种。

（1）低头看脚尖：心事重重,萎靡不振;

（2）拖脚走：未老先衰,暮气沉沉;

（3）跳着走：心浮气躁;

（4）走路内八字或外八字;

（5）摇头晃脑、晃臂扭腰：会被误解,特别是在公共场合很易给自己惹麻烦;

（6）走路时大半个身子前倾：动作不美,又损健康;

（7）行走时与他人相距过近,与他人发生身体碰撞;

（8）行走时尾随他人,甚至对其窥视、围观或指指点点：此举会被视为"侵犯人权"或"人身侮辱";

（9）行走时速度过快或过慢,以至于对周围人造成一定的不良影响;

（10）边行走边吃喝;

（11）与异性行走时勾肩搭背、搂搂抱抱。

案例评析

案例：

护士小张在某医科大学进修综合护理专业,今年已经是第三个年头了,家人也期盼他能好好读书早日进入工作岗位。小张在专业课方面一直表现不错,但他有个小毛病,就是总爱做一些小动作,喜欢打打闹闹。他觉得这只是个人的小问题,对自己的职业影响也不大,因此也没太在意,对于上课期间有关这方面的护理礼仪知识学习也潦草应付。毕业后小张如愿到自己心仪的护理医院工作,也尽心尽力干着自己的工作,但是半年多来,小张虽然没出什么大差错,但却没有像同事们那样经常得到患者的赞许,小张觉得很困惑。

评析：

对需要接受护理的患者而言,护士是朝夕相处的医务人员。护士的姿势、体态是否符合礼仪,直接影响到患者对于医院提供的服务的看法。虽然礼仪姿势对于护理本身而言没有太大的影响,却会潜移默化地触动患者内心的感觉,最终对患者的康复产生影响。护理工作虽没有像"救人一命,胜造七级浮屠"这样直接有效的作用,却在一点一滴中温暖着患者的心。

实践模拟：

请几位同学上台练习前述符合护理礼仪的护士的手姿、站姿、坐姿、蹲姿和走姿,老师与同学一起指出其中出现的错误和不足,并进行示范。之后模拟上述姿态的工作场景,考察学生在日常行为中能否遵循上述礼仪姿势。

思考与练习

一、名词解释

沟通站姿　小交叉坐姿

二、选择题

1. 以下( )是人最基本的姿势,也是其他姿势的基础。
   A. 手姿　　　　B. 站姿　　　　C. 坐姿　　　　D. 蹲姿
2. 以下( )是正确的站姿。
   A. 表情散漫　　B. 驼背　　　　C. 耸肩　　　　D. 脚跟并拢,收臀并膝
3. 以下( )不是沟通站姿。
   A. 双脚呈丁字步　　　　　　　B. 左右手腹前交握
   C. 双脚呈"V"形　　　　　　　D. 重心在右脚
4. 男性的标准站姿与基本站姿( )。
   A. 一样　　　　　　　　　　　B. 不一样
5. 以下( )是女性错误的坐姿。
   A. 正脚位　　　B. 小交叉　　　C. 二郎腿　　　D. 侧脚位
6. 以下错误的走姿是( )。
   A. 昂首挺胸　　B. 不拖地发出声响　C. 步幅均匀　　D. 边走边吃
7. 以下不属于正确的手姿的是( )。
   A. 自然搭放　　B. 鼓掌　　　　C. 与人道别　　D. 挠痒痒
8. 以下正确的下蹲姿势是( )。
   A. 面对他人下蹲　B. 压紧裙摆　　C. 背对他人下蹲　D. 翘臀部

项目六　护士日常工作礼仪

学习目标

1. 掌握日常工作中需要的称呼、致意、介绍、递接名片等礼仪规范,能完成所述礼仪规范动作。
2. 掌握护士不同工作岗位的礼仪要求,能完成不同岗位的情景模拟礼仪。
3. 掌握接待患者的护士礼仪规范,熟悉通用接待礼仪。
4. 了解与同事的交往礼仪。

案例导入

小张是今天的主班护士之一。病区刚刚收治了一名患者李先生,男,75岁,因原发性高血压入院。体格检查体温36.7℃,脉搏80次/分钟,血压170/100毫米汞柱,呼吸18次/分钟,行动不便。患者精神紧张,烦躁不安,思想压力较大,患者陪同子女十分着急,他们来到前台找到小张,想要尽快找到医生,进行诊断和治疗。

思考与讨论:
(1) 小张作为病区护士在接待李先生时应当注意哪些问题?
(2) 为了尽快引导患者就医,小张应当了解和掌握哪些护士礼仪与相关知识?

点评: 护士作为医院等护理机构的主要工作人员,他们的工作环境相对比较复杂,各种特殊或意外情况时有发生。因此作为一名护理人员,掌握相关的接待、引导、简单诊断、分诊等知识与礼仪是必不可少的,尤其在较大型医疗机构中更为重要。掌握相应的礼仪,让患者敢于、乐于在此就诊,也能使患者尽可能少花时间,少跑路,高效看病、治疗;掌握相应的医护知识,可以及早为患者找到相应的科室、医生,也能为医院的高效运转提供可靠保障。

任务一　护士日常工作礼仪概述

知识拓展

礼仪的目的与作用在于使本性的顽固、野蛮变得柔顺,使人们的气质变得温和,使他(她)尊重别人,和别人合得来。

——约翰·洛克

护士在日常工作中应注意以下几点。

（1）衣冠整洁。衣冠整洁是工作中最基本的礼仪。人的容貌是情感传递的途径之一，有愉悦身心的功能，体现护士特有的精神风貌，象征着护士的自信，凝聚着护士的骄傲和希望。

（2）语言交往。在工作中使用通俗性、礼貌性、安慰性、鼓励性语言，避免简单生硬、粗鲁、讽刺、侮辱、谩骂性语言，常用"您好，请，对不起，谢谢，别客气，请走好"等，都能令人感到亲切、融洽、不拘束。护士之间应当多用"帮帮忙好吗？咱们一块去做吧，请教"等。另外要使用保密性语言。病人为了治愈疾病而将内心不能向别人公开的秘密或隐私告诉医务人员，因此不应将病人的疾病史、诊断治疗方案随意泄露，更不应当任意宣扬，要为病人保守医密。

（3）举止端庄。护士已从单纯的疾病护理转向对病人的身心整体护理，护士举止端庄可获得病人的信任和尊重，态度热情可使病人产生亲切感和温暖感。在操作中做到动作轻巧、节奏明快，在日常工作中严格规范自己的各项操作行为，可使病人产生信赖感。

（4）运用微笑这种无声的语言。微笑是人际交往的金钥匙，白衣天使的微笑是美的象征，是爱心的体现，给患者以生的希望，能改善同事间、护患间的关系。当病人身患重病满怀信心来到病房求医时，他们不仅感动于医护人员的热情接待、精心治疗和护理，并且会从医护人员的微笑中得到信任，看到真诚。

护士的日常交往礼仪主要有称呼、致意、介绍、递接名片等几个方面。

一、称呼礼仪

人际交往，礼貌当先；与人交谈，称呼当先。恰当地使用称呼，是社交活动中的一种基本礼貌。称呼要表现尊敬、亲切和文雅，使双方心灵沟通，感情融洽，缩短彼此间的距离。正确地掌握和运用称呼，是人际交往中不可缺少的礼仪因素。运用称呼礼仪务必注意两点：一要合乎常规，二要尊重文化差异。称呼礼仪是在称呼亲属、朋友、同志或其他有关人员时所使用的一种规范性礼貌用语，准确的称呼能恰当地体现出当事人之间的隶属关系。使用称呼应当谨慎，稍有差错便贻笑大方。

(一)正规称呼

在工作岗位上，同事间彼此的称呼是有特殊性的，要求庄重、正式、规范，以职务、职称相称是一种最常见的称呼方法，如张主任、李院长等。

当称呼年长者时，务必要恭敬，不可以直接"老张""老王"等，尤其是年龄相差较大或隔代人之间，更不可以直接叫"老张""老王"等；可以将"老"字与其姓倒置，如"张老""王老"，或"王老先生""张老先生"或姓+职务（或职称等），如"李主任""刘总""杨工""罗老师""陈师傅"等，总之，要有尊敬长者之意。

当称呼同辈人时，可称呼其姓名，有时甚至可以去姓称名，但要态度诚恳、表情自然，体现出真诚；当称呼年轻人时，可在其姓前面加"小"字相称，如"小张""小李"，或直呼其姓名，但要注意谦和、慈爱，表达出对年轻人的喜爱和关心。

(二)称呼的五个禁忌

称呼禁忌是指在职场中对他人称呼的注意事项。在职场中，如果称呼得当，不仅容易跟领导与同事搞好关系，还能减少许多不必要的烦恼。医护工作者在医院中，对待患者和来访者使用称呼时，一定要避免下面几种失敬的做法。

1. 使用错误的称呼

常见的错误称呼是由误读或是误会导致的。误读就是念错姓名。为了避免这种情况的发生，对于不认识的字事先要有所准备。例如，接收新入院患者前，如果患者名字中含有生僻字，就要在准备接收患者时查阅清楚。如果是临时遇到，要谦虚请教。误会，主要是对被称呼人的年纪、辈分、婚否以及与其他人的关系做出了错误判断。比如，将未婚妇女称为"夫人"，就属于误会。相对年轻的女性，都可以称为"小姐"，这样对方也乐意听。

2. 使用不通行的称呼

有些称呼具有一定的地域性。比如，山东人喜欢称呼"伙计"，但南方人认为"伙计"是"打工仔"；中国人经常把配偶称为"爱人"，在外国人的意识里"爱人"是"第三者"。

3. 使用不当的称呼

工人可以称呼为"师傅"，道士、和尚、尼姑可以称为"出家人"。但如果用这些来称呼其他人，没准还会让对方产生被贬低的感觉。例如，见了30岁左右的女性，最好不要称呼"大姨"，女性忌讳说自己老，更忌讳显示年龄的称呼。再如，初到单位，对年长的同事不要直称其姓名，称呼姓名只让人觉得你不尊重对方。

4. 使用庸俗的称呼

有些称呼在正式场合不适合使用，如"兄弟""哥们儿"等一类的称呼，虽然听起来亲切，但显得档次不高。

5. 称呼外号

对于关系一般的，不要自作主张给对方起外号，更不能用道听途说来的外号去称呼对方，也不能随便拿别人的姓名乱开玩笑。

二、致意礼仪

（一）微笑礼

微笑者要神态自若，双唇轻合，眉开眼笑，目光有神，热情适度，自然大方，规范得体。如果你是一名成熟或者训练有素的护士，在与患者目光接触的同时开口说话之前首先要献上你的一个微笑。这样，就由你创造了一个友好热情、对自己有利的气氛和情境，肯定会赢得患者满意的回报。如果对方微笑在先，必须马上还以微笑。微笑的最佳时间长度以不超过7秒钟为宜，时间过长会给人以傻笑的感觉，反而尽失微笑的美韵。

微笑的前提：

（1）保持乐观、稳定的心理素质，不大悲大喜，遇事沉着冷静。妥善处理工作中的各种问题，特别是自身的工作失误。上岗后及时进入角色，忘掉一些烦恼和不快。

（2）微笑从内心发出，不做作，做作的微笑叫皮笑肉不笑，反而会把人吓跑。

（3）微笑时，眼睛也应含着笑意，光露牙齿或抿嘴微笑而目光不配合，显得人不真诚。

（4）和患者进行感情交流，有感情地进行服务，微笑才会真实，发自内心。

（5）微笑不是天生的，后天培养很重要。随时提醒自己保持愉快的心情，保持微笑，空闲时对着镜子练，直到你满意、成为习惯为止。

（二）握手礼

握手最早发生在人类"刀耕火种"的年代。那时，在狩猎和战争时，人们手上经常拿着石块或棍棒等武器。他们遇见陌生人时，如果大家都无恶意，就要放下手中的东西，并伸开手掌，让对方抚摸手掌心，表示手中没有藏武器。这种习惯逐渐演变成今天的"握手"礼节。也有一种很普遍的说法是中世纪战争期间，骑士们都穿盔甲，除两只眼睛外，全身都包裹在铁甲里，随时准备冲向敌人。如果表示友好，互相走近时就脱去右手的甲胄，伸出右手，表示没有武器，互相握手言好。后来，这种友好的表示方式流传到民间，就成了握手礼。当今行握手礼也都不戴手套，朋友或互不相识的人初识、再见时，先脱去手套，才能施握手礼，以示对对方尊重。

握手是一种礼仪，人与人之间、团体之间、国家之间的交往都赋予这个动作丰富的内涵。一般说来,握手表示友好,是一种交流,可以沟通原本淡漠的情感,可以加深双方的理解、信任,可以表示一方的尊敬、景仰、祝贺、鼓励,也能传达出一些人的淡漠、敷衍、逢迎、虚假、傲慢。团体领袖、国家元首之间的握手则往往象征着合作、和解、和平。

握手,是日常交往的一种礼节。人们在交往中,见面时习惯以握手相互致意,分别时以握手送别;别人取得成就时,我们以握手祝贺;得到帮助时,常常以握手表示谢意。握手的力量、姿势与时间往往能够表达出握手者对对方的不同礼遇与态度,一次积极的、有力度的、正确的握手,会表现出你对别人的尊重和重视;一次无力的、错误的握手,会立刻传递出对你的不利信息。加拿大形象设计师凯伦认为,握手是一门如此有趣的艺术,它让我们在瞬间产生种种推测和判断,握手的信息是无言的,但它却是那么丰富和微妙。握手是如此感性,让我们在对方开口之前就能感受到他的内心活动。

1. 握手的基本要求

(1) 握手时的姿势:握手时,双方之间保持约一步左右的距离,上身稍向前倾,两足立正,伸出右手,手掌略向前下方伸直,拇指与手掌分开,其余四指自然并拢。握手时两人伸出的掌心都不约而同地向着左方,然后虎口相交,手掌和五指与对方相握,伸手的动作要大方、稳重,表情应自然,面带微笑,眼睛注视对方,不要看第三者或显得心不在焉。右手与人相握时,左手可以空着,并贴着大腿外侧自然下垂,以示用心专一,也可以双手紧握对方的手,以示热情。除老、弱、病、残、孕者外,一般要站着握手,不能坐着握手。

(2) 握手的时间:握手的时间可因人、因地、因情而异,时间太长使人不安,太短则表达不出热情。通常初次与人握手时间以 3 秒为宜。在多人相聚的场合,不宜与某一个人长时间握手,以免引起他人误会。

(3) 握手的力度:除了关系亲近的人可以长久地把手握在一起外,一般握两三下即可。握手时力度要适中,不要太用力,但漫不经心地用手指尖"蜻蜓点水"式地去碰一下也是无礼的。

(4) 握手的顺序:长辈和晚辈之间,长辈伸手后,晚辈才能伸手相握;年长者和年幼者之间,应由年长者先伸手;上下级之间,上级伸手后,下级才能接握;职位、身份高者与职位、身份低者握手,应由职位、身份高者先伸手;男女之间,女方伸手后,男方才能伸手相握;老师与学生之间,老师先伸手后,学生才能伸手相握;社交场合的先至者与后来者握手,应由先至者先伸手;在接待来访者时,应由主人先伸手与客人相握,表示欢迎,而在客人告辞时,应由客人先伸出手与主人相握,表示再见。在公务场合,握手时伸手的顺序主要取决于职位和身份;而在社交与休闲场合,则主要取决于年纪、性别和婚姻等。

在任何情况下,最好不要拒绝别人的握手,这是一种礼仪的表现。即使手湿或脏了,也要及时对对方说"不好意思,我的手现在不方便",以免造成误会。可以说,拒绝和别人握手的人是缺乏教养的。戴着手套握手是失礼行为。男士在握手前应先摘下手套,摘下帽子。女士在结婚当天可以例外。握手时双方互相注视、微笑、问候、致意,不要看第三者或显得心不在焉。

2. 不宜握手的时机

不宜握手的时机包括对方与自己相距较远时,对方手部负伤时,对方所处的环境不适合握手时,对方手在拎东西时,对方在与他人交谈时,手中有事,如打电话、用餐时等。

3. 握手的禁忌

① 手不能太脏。

不管在什么情况下和别人握手之前要注意一下自己的手是不是有点脏,如果是的话,千万不能和别人握手,这是非常不礼貌的行为。建议用别的方式打招呼,如果时间来得及建议将手擦一擦或者洗一洗。

② 手不能太冰。

如果自己要和别人握手表示礼貌的话，先把自己的手捂暖再进行握手，否则也是不礼貌、受别人反感的行为。特别是在冬天的时候，本来天气就冷，而自己的手也很冰的话，就是给别人雪上加霜了。

③ 手不能半掩。

很多刚进社会的朋友都有自己的握手习惯，比如和别人握手时手不张开半掩着。其实这不是一个很礼貌的行为。要么就不握手，握手一定要整个手张开方显尊重。

④ 手要伸直握。

在社会上，经常看到很多人握手手不伸直，半撅着。这个其实也是握手禁忌。一定要明白握手时要大气地伸直手再进行握手。

⑤ 手不能握得太久。

有些人以为握手握得久就是很有礼貌，很重视对方。其实这个在握手的礼仪中是一个不正确的观点。握到适合的时间就好，不要握着手一直不放，特别是和女士握手，如果握得太久很不礼貌，也不够尊重对方。

⑥ 握手要握手的三分之二。

握手其实是有技巧和原则的，不能只握手尖，也不能全部拿捏。最好的握手方式就是握到手掌的三分之二。

⑦ 握手不能太重。

双方握手时要有一个适度的力度，不能太轻，否则显得不重视；不能太重，否则显得不够稳重和礼貌，所以这个需要双方互相拿捏好。

⑧ 握手要看着对方。

以前只说说话需要看着对方，其实握手也是一样的，也需要看着对方，方能显得尊重、重视对方，而且亲密度会更上一层楼。

⑨ 不能戴手套握手。

在寒冷的冬天大家都避免不了戴个手套什么的。但是如果要握手，千万要把手套摘掉再握手，否则就很没礼貌。

（三）点头礼

点头礼属于比较快、比较生疏的礼节。点头礼作为一种致意的方式，其适用的范围很广，如路遇熟人或与熟人、朋友在会场、剧院、歌厅、舞厅等不宜交谈之处见面，以及遇上多人而又无法一一问候之时，都可以点头致意。点头礼的做法是头部向下轻轻一点，同时面带笑容。注意不要反复点头不止，点头的幅度不宜过大。行点头礼时，最好摘下帽子，以示对对方的尊重。

点头致意也是一种常用礼节。左右邻居，早晚相见，不必握手，可以点头致意，表示友好。

点头的正确姿势应该是屈颈，收颔，上身可以微微前倾。"点头致意"与"点头同意"又有区别。"点头同意"古代称为颔首。韩愈《华山女》诗云："玉皇颔首许归去，乘龙驾鹤来青冥。"表示同意的点头，动作更小、更轻。"点头致意"之礼事虽小，却显示出一个人的风度、修养和礼数。在公众场合，千万不可傻傻地盯着人家，既不说话，也不点头，好像是在等待别人主动来与自己打招呼似的，那是最没有礼貌的表现。

（四）注目礼

注目礼，泛指以目注视对方的见面礼节，也是军礼之一。行礼时身体直立，眼睛注视目标。人不是一个孤立的存在，而是渴望与他人互动的存在，他人的关注往往是人内心最大的渴望。任何人自己证明自己、自己肯定自己的价值都不会让他人信服，而必须通过别人的注目礼来反映主体"我"的价值。其要领是面向受礼者成立正姿势，同时注视受礼者，并目迎目送（右、左转头角度不超过45度)。在上级领导进入室内、送客等场合,在场的人员都应行注目礼。在行注目礼时应注意在只有两个人的场合,或虽有多人在场但只有两人存在某种关系的情况下,注目礼的作用不很明显,或者说不宜使用,因为这种情况下的注目无异于盯视,已经失去了它本来的作用,这时应采用其他礼节形式。

对象不同、因由不同,注目礼的表现与质量也不同。心里在乎的人注目礼质量就很高,反之质量就低,心里面就不在乎。功成名就的人最得意的是获得熟人的注目礼;发达显贵了最在乎衣锦还乡的荣耀,不喜欢锦衣夜行;夺冠胜利的人最渴望和爱人和亲人分享成功的喜悦。可以说追求高质量的注目礼是人奋斗的重要动力。心里在乎的人的哪怕一个眼神、一句鼓励和赞美就能多年难忘。

(五) 鞠躬礼

"鞠躬"起源于中国。商代有一种祭天仪式"鞠祭":祭品牛、羊等不切成块,而将整体弯卷成圆的鞠形,再摆到祭处祭奉,以此来表达祭祀者的恭敬与虔诚。这种习俗在一些地方一直保持到现在,人们在现实生活中,逐步沿用这种形式来表达自己对地位崇高者或长辈的崇敬。鞠躬,意思是弯身行礼,是表示对他人敬重的一种郑重礼节。此种礼节一般是下级对上级或同级之间、学生向老师、晚辈向长辈、护理人员向患者表达由衷的敬意或歉意。鞠躬是中国、日本、韩国、朝鲜等国家传统的、普遍使用的一种礼节。

常见的鞠躬礼有以下三种。

1. 大礼行三鞠躬

在现代,这种礼节已在日常生活中不多见,只是在学校,或者在喜庆、纪念、丧葬活动中使用。其基本动作规范如下:行礼之前应当先脱帽,摘下围巾,身体肃立,目视受礼者。男士的双手下垂,贴放于身体两侧裤线处;女士的双手下垂搭放在腹前,身体上部向前下方弯约90°,然后恢复原样,如此三次。

2. 深鞠躬

其基本动作同三鞠躬,区别就在于深鞠躬一般只要鞠躬一次即可,但要求弯腰幅度一定要达到90°以示敬意。

3. 社交、商务鞠躬

立正站好,保持身体端正;面向受礼者,距离为两三步远;以腰部为轴,整个肩部向前倾15°以上(具体视行礼者对受礼者的尊敬程度而定),同时问候"您好""早上好""欢迎光临"等,见图6-1。

图6-1 鞠躬礼

在行鞠躬礼时需要注意:① 最好将帽子摘下,因为戴帽子鞠躬既不礼貌,帽子也容易滑落,使自己处于尴尬境地;② 鞠躬时目光应向下看,表示一种谦恭的态度,不要一面鞠躬一面试图翻起眼睛看对方,这样既不雅观,也不礼貌;③ 鞠躬礼毕起身时,双目还应该有礼貌地注视对方,如果视线转移到别处,即使行了鞠躬礼,也不会让人感到是诚心诚意;④ 鞠躬时嘴里不能吃东西或叼着香烟;⑤ 上台领奖时,要先向授奖者鞠躬,以示谢意,再接奖品,然后转身面向全体与会者鞠躬行礼,以示敬意。

三、介绍礼仪

介绍,是人际交往中与他人进行沟通、增进了解、建立联系的一种最基本的方式。介绍能使素不相识的人互相认识,找到共同话题,产生兴趣,从而扩大人们的交际范围。在日常交往中,介绍基本有两种,即自我介绍和他人介绍。

(一) 自我介绍

自我介绍是指在没有中介人的情况下,将自己介绍给他人,以便对方认识和了解自己。恰当的自我介绍不仅能增进他人对自己的了解,还能促进社交,给人留下良好的第一印象。自我介绍应注意以下几点。

(1) 内容要真实,详略得当。介绍自己时,首先应该实事求是,不应自吹自擂。一般场合只要讲清姓名、身份即可,做会议汇报时除了讲清姓名、身份以外,还需讲明自己的职位和工作单位;求职应聘时还应该将自己的学历、资历、专长、能力等介绍清楚。

(2) 态度从容,形式多样。进行自我介绍时,要做到从容、自信。面部表情要自然亲切,眼神要和善,同时要保持自信。自我介绍的方式是灵活的,面对不同的对象宜采取不同的方式,可利用名片或介绍信等资料加以辅助。

(3) 把握介绍时机与时间。在进行自我介绍时,要有意识地抓住重点。一般而言,时间以半分钟最佳,不宜超过一分钟。

(4) 注意自我介绍的顺序。一般来说,职位高者与职位低者相识,职位低者先做自我介绍;男士与女士相识,男士先做自我介绍;年长者与年幼者相识,年幼者先做自我介绍;资历长者与资历浅者相识,资历浅者先做自我介绍。

(二) 他人介绍

他人介绍,又称第三方介绍,是经过第三方为彼此不认识的双方引见、介绍的一种交际方式。做介绍的人,一般是主人、朋友、秘书或公关人员。集体介绍是他人介绍的一种特殊情况,它是指被介绍的一方或者双方不止一人。集体介绍有单向式和双向式两种形式。单向式集体介绍是指当被介绍的一方是个体,另一方是集体时,一般只把个人介绍给集体,而不必再向个人介绍集体。双向式集体介绍是指当被介绍的双方均为集体时,双方的全体成员均应被正式介绍。

(三) 注意事项

(1) 注意介绍双方的先后顺序,原则是"尊者居后"。先介绍主人,客人有优先知情权;先介绍男士,后介绍女士;先介绍晚辈,后介绍长辈;先介绍位低者,后介绍位高者。

(2) 先递名片再介绍,长话短说,语言精练。

(3) 第一次介绍单位和部门时要使用全称。

(4) 被介绍的双方要注意握手的先后顺序。

四、递接名片礼仪

名片的交换是名片礼仪中的核心内容。正确交换名片,往往是个人修养的一种反映,也是对交往对象尊重的直接体现,因此交换名片务必要遵守相应的社会规范。

知识拓展

名片的由来

名片最早产生于春秋战国时期,只是最初没有纸,写在竹、木片上,之后才写在纸上。名片在汉初称谒,后称刺,唐宋时期称为"门状",到明清通称为门状、名刺和名帖(红帖)。

(一) 携带名片

参加正式的交际活动之前,都应随身携带名片,以备交往之用。名片的携带应注意以下三点。

1. 足量、适用

个人携带的名片一定要数量充足,确保够用。所带名片要分门别类,根据不同交往对象使用不同的名片。

2. 完好无损

名片要保持干净整洁,切不可出现折皱、破烂、肮脏、污损、涂改的情况。

3. 放置到位

名片应统一置于名片夹、公文包或上衣口袋之内,在办公室时还可放于名片架或办公桌内,切不可随便放在钱包、裤袋之内。放置名片的位置要固定,以免需要名片时东找西寻,显得毫无准备。

(二)递交名片

递交名片是建立人际关系的第一步,一般宜在与人初识时自我介绍之后或经他人介绍之后进行,如图6-2所示。

在递交名片时,要注意以下几个要点。

1. 观察意愿

除非自己想主动与人结识,否则名片务必要在交

图6-2 递名片

往双方均有结识对方并欲建立联系意愿的前提下递交。这种愿望往往会通过"幸会""认识您很高兴"等一类谦语、表情及姿态等体现出来。如果对方并没有这种愿望,我们则无须发送名片,否则会有故意炫耀、强加于人之嫌。

2. 把握时机

发送名片要掌握适宜时机,我们只有在确定有必要时发送名片,才会令名片发挥功效。发送名片一般应选择初识之际或分别之时,不宜过早或过迟。不要在用餐、观看戏剧、跳舞之时发送名片,也不要在大庭广众之下向多位陌生人发送名片。

3. 讲究顺序

双方交换名片时,应当首先由位低者向位高者发送名片,再由后者回复前者。但是多人之间递交名片时,不宜以职务决定发送顺序,切勿跳跃式发送。最佳方法是由近而远、按顺时针或逆时针方向依次发送。

4. 先打招呼

递上名片前,应当先向接受名片者打个招呼,令对方有所准备。既可先做一下自我介绍,也可以说声"对不起,请稍候""可否交换一下名片"之类的提示语。

5. 表现谦恭

对于递交名片这一过程,应当表现得郑重其事。要起身站立,主动走向对方,面带微笑,上身前倾15度左右,以双手或右手持握名片,举至胸前,并将名片正面朝上面对对方,同时说声"请多多指教""欢迎前来拜访"等礼节性用语。递交名片的整个过程应当谦逊有礼、郑重大方,切勿以左手持握名片。

(三)接受名片

接受他人名片时,主要应当做好以下几点。

1. 态度谦和

在接受他人名片时,不论有多忙,都要暂停手中一切事情,并起身站立相迎,面含微笑,双手恭敬地用拇指和食指接住名片的下方两角,并轻声说"谢谢",如图6-3所示。如果知道对方有一定知

名度或是地位较高者,则可说一句"久仰大名"之类的赞美之辞。

图6-3 接名片

2. 认真阅读

接过名片后,先向对方致谢,然后至少要用一分钟时间将其从头至尾默读一遍,遇有显示对方荣耀的职务、头衔不妨轻读出声,以示尊重和敬佩。若对方名片上的内容有所不明,可当场请教对方。

3. 精心存放

接到他人名片后,切勿将其随意乱丢乱放、乱揉乱折,而应将其谨慎地置于名片夹、公文包、办公桌或上衣口袋之内,且应与本人名片区别放置。

4. 有来有往

接受了他人的名片后,一般应当即刻回给对方一张自己的名片。如果没有名片,名片用完了或者忘了带名片,应向对方做出合理解释并致以歉意,切莫毫无反应。

(四)索要名片

依照惯例,最好不要直接开口向他人索要名片。但若想主动结识对方或者有其他原因有必要索取对方名片时,可采取下列办法。

1. 互换法

互换法即以名片换名片。在主动递上自己的名片后,对方按常理会回给自己一张他的名片。如果担心对方不回送,可在递上名片时明言此意,"能否有幸与您交换一下名片?"。

2. 暗示法

暗示法即用含蓄的语言暗示对方。例如,向尊长索要名片时可说"请问今后如何向您请教?",向平辈或晚辈表达此意时可说"请问今后怎样与你联络?"。

3. 指明法

指明法是指直接表明自己的本意。例如,"张医生,认识您很高兴,能有一张您的名片吗?"。面对他人的索取,一般不应直接加以拒绝。如确有必要这么做,则需注意分寸。最好向对方表示自己的名片刚用完,或说自己忘了带名片。

关于名片制作有以下几点需注意。

(1)自己身份、头衔多的话,可以和不同交往的对象交换不同的名片。

(2)名片的色彩控制在三种之内,普通材质就可以,没必要加些花哨的东西或颜色。

(3)如果用于商务交往,不能随便涂改;名片上不提供私宅电话;名片不印两个以上的头衔。

(4)如果需要印英文,那么可以中文和英文各印一面;如果只有中文,那么另一面印业务范围之类的内容。

五、通信礼仪

电话是信息传递的便利工具。医院作为公共医疗机构,每天都会接到很多来自社会公众的来电,掌握电话礼仪对于护士而言也是必不可少的。护士在接听、拨打电话时沟通方式是否合适,常常会影响到其能否顺利达到通话目的,因而掌握正确的、礼貌的接打电话的方法是非常必要的。电话礼仪包括接电话礼仪和打电话礼仪两个方面。

(一)接电话礼仪

1. 接听电话前

① 准备记录工具。如果没有准备好记录工具,那么当对方需要留言时,我们就不得不要求对方稍等一下。让患者等待是很不礼貌的,而且有可能耽搁过多时间,患者病情可能进一步加重。所以,接听电话前,要准备好记录工具,如笔、纸、手机和电脑等。

② 停止一切不必要的动作,不要让患者感觉到你在处理一些与电话无关的事情,让对方感到你不专心也是不礼貌的表现。

③ 面带微笑地接电话。接电话时虽然互相看不见对方,但你应保持微笑状态,让患者在电话中感受到你的热情与耐心。

2. 接听电话时

① 及时接听电话。一般来说,电话铃响三遍左右就应该立刻接听,六遍以上就应该道歉:"对不起,让您久等了。"如果暂时无法及时接听,代接人应适当解释。

② 准确、迅速地确认对方信息。对方一般首先会进行自我介绍。若没有介绍或者没有听清楚,就应该主动自报家门,同时问"请问您是哪位?""我能为您做什么?"等。由于医院电话多为患者或其家属打来,通话内容多为患病或其他紧急情况,因此需要及时、准确地了解对方情况,包括对方的身体情况、患病经过、家庭住址,是否需要救护车、氧气袋、药物等。认真记载上述信息后尽快将相关情况告知相应处置人员办理。若对方需要找人,找的人在旁边,那么接电话者应说"请稍等",然后用手掩住话筒,轻声招呼要找的人来接电话;若找的人不在,则应及时告诉对方,并询问是否需要留言并代为转告。

3. 注意事项

① 接听电话时,应注意使嘴和话筒保持4厘米左右的距离,尽量将耳朵贴近听筒,仔细倾听患者讲话。

② 接电话语气要合适,"喂"的声调最好为上升调,这样显得热情、礼貌。

③ 接打电话时应吐字清晰,语言条理,保证对方能听明白,切忌接打电话时叼着香烟、嚼口香糖。

④ 一般是主动打电话的一方先挂电话,接电话方等对方挂电话后再挂电话。如果此时通话双方都在等对方先挂电话,通话结束3秒后可以挂电话。

⑤ 接电话方如果按了免提需告知对方。

(二)打电话礼仪

1. 打电话的步骤

① 拨通电话前,应先整理好需要通话的内容,必要时列出要点,避免浪费时间。

② 拨通后,首先做自我介绍,并简要说出需要通话的对象。

③ 确认对方。如果对方不是要找的人,请对方找人或代转时,应说"劳驾"或"麻烦",礼貌地请接电话者转接。

④ 问候对方并说明通话目的。

⑤ 倾听对方反映情况和意见,不擅自打断对方。

⑥ 重复重点内容。护士应核实双方交流的重点内容,多重复重点内容,避免信息的遗漏。

⑦ 礼貌道别。

2. 注意事项

① 选择合适的通话时间。打电话时应尽量避开对方用餐、休息的时段,最好不要在节假日打扰对方,紧急情况除外。

② 把握通话时长。打电话前先想好要讲的内容,言简意赅地说明情况,信息交换结束后即可结束通话,通常一次通话不应长于 3 分钟,即所谓的"3 分钟原则"。

③ 态度友好,文明通话。不要在公共场合大声通话,不说脏话,少用方言,以免影响到对方和周围其他的人。

任务二 不同岗位护士礼仪

知识拓展

礼貌对于人性,犹如热力对于蜡烛。

——叔本华

一、导诊护士礼仪

旅游需要导游,人生需要导师,求医也需要导诊护士。导诊护士虽然并没有参与到具体的医疗活动实践中,但实际是患者求医的指南针,是医院服务质量与医疗水平的一个宣传者。导诊护士是医院对外服务的第一个窗口,是患者进行咨询的对象。患者一踏入医院的大门,首先接触的就是导诊护士,导诊护士的素质直接影响到医院的形象,从而影响患者的下一步就诊。导诊服务的目的在于方便患者,为患者提供就医指导,使各科的患者都能及时就医。开展导诊服务可提高护理人员以人为本的服务意识,实现医疗服务的零投诉,追求护患关系的"零距离"。随着医学事业的发展,人们对就诊的标准也在提高,这就要求导诊护士具备一定的综合素质。他们不仅要熟悉医院的环境、设施、科室分布等情况,还要掌握各科室的新技术、新业务以及各科疾病的基本特征、临床表现等医疗知识。

导诊护士工作的场所便是宽大的导诊台,由佩戴"咨询导诊员"标志的年轻护士站立于正门两侧,随时迎接来院就诊的患者。台内有具备丰富临床经验、资历较深的导诊员,随时和患者沟通,还备有院内服务指南、专家出诊的小册子,随时发给每一位需要的患者。门诊候诊区还放有有关各种疾病防治、护理、饮食调节的书籍,随时供患者翻阅,备有体温计、测温仪、一次性口罩、手套、一次性口杯、开水,方便患者取用;还为行动不方便的患者及重危患者提供轮椅、平车等。导诊护士正确指导患者填写门诊病历本,方便患者就医,减少差错事故的发生。

1. 导诊护士服务的重要性

随着现代医学模式的转变,病人在追求较高物质需求的同时,也开始追求精神上的需求。在病人就医的过程中,不但需要有精湛医术的医生,而且需要有良好素质的导诊护士来为他们服务。当前,病人要求导诊护士服务的愿望已越来越强烈了,绝大多数病人迫切需要导诊护士的热情服务。尤其是初诊病人等,他们由于初来乍到、环境陌生、病情复杂、时间紧迫,更加需要导诊护士的热情帮助。导诊护士及时、恰当地给予引导,不仅能给病人提供方便,而且能使他们在最短的时间内迅速就医,挽救病人的生命;既给初诊病人提供了及时的服务,又可缓解紧张的医患关系。

2. 导诊护士的角色功能

随着护理专业的不断发展,导诊护士的角色功能越来越多。近年来,人们对护理专业的要求不断增加,初诊病人需要导诊护士服务的范围也在不断地扩展。导诊护士是护理者,即应用自己的专业知识及技能满足病人在患病过程中的生理、心理、社会、文化和精神等方面的需求;他们又是答疑解惑者,他们运用自己的知识及能力,根据病人的具体情况对病人及家属提供咨询,包括向病人及家属讲授或解答他们的疑点和有关的医疗保险政策等。他们还要充当沟通者,包括收集资料及传递信息。为了满足病人的个体化需求,导诊护士必须与病人、家属、医生、同事及其他医疗工作者沟通,最大限度地满足病人的需求,并且注意协调护理过程中与各种人员之间的关系,以保证良好的护理质量,树立起医院在病人心目中的可信形象。

3. 导诊护士的素质要求

导诊护士除具备全心全意为人民服务的理念和崇高的爱岗敬业精神外,还应具有较高的服务水准、规范的语言行为、敏锐的洞察能力和责任心,在思想上要有"整体护理"概念。导诊护士不但要有同情心,还要能设身处地地为病人着想;既要把他们当作病人,又要把他们当作社会人来看待。导诊护士不仅要有扎实的医学知识、丰富的临床经验、娴熟的操作技能、灵活的应变能力和良好的心理应急水平,还要具备与医学知识相关的其他边缘学科的丰富知识。

4. 导诊护士工作的职业范畴

导诊护士工作看似简单,其实不然。导诊护士不仅要对每位病人进行导向、分诊、护理观察等首诊工作,还要对残疾人等特殊患者实施特需(导诊、导检、导药)服务,并且能够及时、正确地处理各类突发事件。导诊护士不但要接受来自各类病人的咨询,还要恰如其分地给予解答,用清晰明了的语言使病人了解想要知道的诸多问题,如某某疾病应该挂哪科,具体需要检查什么,治疗和护理要注意哪些问题等。导诊护士要能妥善处理医患之间的矛盾,在医院与社会之间起到桥梁作用,减少医患之间的误会,使病人感到与医院之间有一种亲近感。在服务的岗位上,导诊护士要适时地做好健康教育的宣传工作,向病人发送医院的就医指南,积极地将医院的特色、结构、设备、环境等介绍给病人,不断扩大医院在社会上的影响力;在工作中除了及时地做好耐心细致的疏导工作,维护好就医秩序,为患者提供一个有序、安静、整洁、温馨的就医环境外,还要及时、主动地征求和听取患者对医院的意见、建议、要求和愿望,并及时反馈给医院有关管理部门,便于医院更好地开展工作。

(一)接诊礼仪

1. 形象举止规范

导诊护士要做到服饰统一,仪表端庄,妆容自然,佩戴胸卡;头发前不过眉,侧不盖耳,后不过衣领,长发统一使用发网;不戴任何首饰;指甲不能长过指尖,勿使用甲彩,适当使用无色透明指甲油;衣帽整洁,不卷袖口;穿肉色丝袜,不穿破洞丝袜,不露袜口,鞋为白色护士鞋,保持干净光亮;牙齿洁白,口腔无异味,上班勿吃大蒜、洋葱、韭菜等;举止大方,端庄稳重,态度和蔼,真诚待人,训练有素,言行得当。导诊护士多采用站立姿势,要求头正颈直,挺胸收腹,自然站立,双目平视,嘴唇微闭,下颌微收,面带微笑,颈、胸、腰自然平直,两腿靠拢,双脚呈丁字形站立,双手自然搭握,自然下垂,在下腹部交叉,右手放在左手上面。

2. 有语言素质修养

患者来就诊时,导诊护士应起立,主动走上前,亲切地问一声:"您好,请问有什么我可以为您服务的吗?"导诊护士在接待患者时,不能坐着与患者说话,应该有礼貌地站立交谈以体现文明服务。导诊台的护士必须使用文明用语,接待每一位患者,都要"请"字当头,说一声"您好",对来院看病的每一位患者应该做到"来有迎声,走有送声";回答患者的问题,应简明、易懂,态度要和蔼,解释要耐心,尽可能地让患者满意;如果不能回答或解决不了患者的问题,不要说"不知道",要语气委婉地说声"对不起""真抱歉",应向患者指明到相关科室或部门询问或解决。患者看完病,要离开医院时,导诊护士要说一声"请走好",让患者感到温馨、舒适,有宾至如归的感觉。

3. 主动热情，微笑服务

（1）微笑服务能带来良好的首因效应。

首因效应又称第一印象，是指第一次交往过程中人们形成的最初印象。它具有先入为主的特点，对双方今后的交往有着较大的影响。在服务接待过程中，第一印象表现为患者通过对服务人员的仪表、言谈、举止等方面的观察而形成的感觉。第一印象虽在短时，甚至瞬时形成，但它不仅影响着患者的心理活动，有时甚至影响服务工作的顺利进行。一旦患者对服务人员产生了不良的第一印象，要改变它是十分艰难的，服务人员往往要付出比先前多出几十倍的精力。所以在与患者初次交往时，微笑迎客是相当必要的，它能快捷地改善护士与患者的关系。

（2）微笑服务能给服务工作带来便利，提高工作效率。

微笑对患者的情绪有着主动引导的作用，患者的情绪往往受到服务人员态度的影响。在服务过程中，由于微笑的表情，服务人员很自然地使用温和的语调和礼貌的语气，这不仅能引起患者发自内心的好感，有时还可稳定患者焦虑、急躁的情绪。声音并非语言，可语言、语调、语速却可以暗示出服务人员的态度。微笑可在人不经意间修饰这些声音暗示，使患者在整个交往中感到轻松和愉快，有利于工作的顺利进行。同时，微笑也容易给自身带来热情、主动、自信等良好的情绪氛围，处于这一氛围中的护理人员的工作效率也随之提高。微笑在给服务工作带来便利的同时，也给导诊护士自身带来成就感，这种成就感有利于导诊护士自身的身心健康。

导诊台一般设立于门诊大厅，导诊护士在导诊台对前来挂号、缴费的患者情况一目了然。导诊护士应主动热情地询问患者就医的目的和困难，主动介绍医院的有关情况，用自己的关心、热情、体贴安抚患者的种种焦虑和不安定情绪，取得患者的信任。如遇年老体弱的患者就医，导诊护士要主动热情地扶持或用轮椅、平车运送其到相关诊室就诊，并协助其挂号、交款，合理安排其优先检查。

4. 指示明确、清晰

当患者需要问路时，导诊护士要向患者指出明确的方位，直到对方明白后，才可转身返回导诊台，必要时可将患者送到相关科室就诊。对于科室之间转诊的患者更要做好引导服务。指路时的常用手势有横摆式、屈臂式或直臂式，并配以适当的指导语，如"您可以从这边过去，走到路的顶端，左拐即到"。护士为患者引路时身体稍侧向患者侧步行走，这样有利于护士随时观察患者病情。

5. 及时疏导，全面照顾

由于门诊人流量大，导诊护士要及时做好疏导工作，合理安排患者就诊，同时做好与门诊各科室的配合，减少不必要的护患纠纷。导诊护士还应巡视门诊大厅，引导患者挂号、候诊、检查。

6. 宣传教育，提高认识

导诊护士还要积极向患者宣传医学卫生知识，提高患者防病保健的知识水平。

（二）分诊礼仪

1. 爱岗敬业，尽职尽责

门诊分诊是指根据患者主诉及主要症状和体征，分清疾病的轻重缓急及隶属专科进行初步诊断，安排救治程序及分配专科就诊的技术过程。分诊护士首先应做到把为患者服务放在第一位，时刻把患者的安危放在心上，从自身岗位做起，把全心全意为患者服务这一职业道德灵魂，时时刻刻、扎扎实实地贯穿到护理工作中，规范自己的职业行为，做到"一问、二看、三检查、四分诊"。一问，就是首先向患者问声好，问病情，问需要。二看，即看病的轻重缓急。三检查，即查看患者手中的挂号票是普通号还是专家号。四分诊，即按挂号先后顺序依次安排就诊。

2. 要有过硬的业务素质

门诊分诊的特点是科别多、病种多，不具有多学科的知识是难以胜任此项工作的。目前病种繁多,各种检查也繁多,在书本上学习的知识远远不能满足实际需要,这就要求护士不断更新观念、更新知识,在学习好本专业知识外,还必须掌握边缘学科的知识,如心理学、行为医学、社会医学等。分诊护士只有具备这些知识,才可以在分诊过程中做好患者的心理护理和行为护理。

3. 要有良好的心理素质,始终保持稳定愉快的情绪

分诊护士的心理素质是指从事护理工作的心理能力的综合表现,包括护士的认知能力、思维反应能力、注意力、记忆力、应变力以及情态、意志、气质、性格等。这些能力的培养也绝非一朝一夕之事,而是在长期工作实践中通过学习、锻炼才能培养出来的。分诊护士只有具备良好的心理素质,才能与门诊各种性格的患者沟通,才能消除患者的烦躁与苦恼。这就要求护士不能将生活中的不良情绪带进工作中,要始终面带笑容,以恬静的表情、落落大方的姿态对待患者,只有这样才能得到患者的认可,患者才会和护士交流真感情。

4. 掌握沟通技巧

分诊护士的语言除具有一般语言的沟通作用外,还是获得医生和患者的信任与合作的有效手段。护士的语言既可以鼓励患者战胜疾病,也可以使其病情加重。所以,分诊护士的语言应规范、亲切、温柔,避免带来不良刺激,使患者对护士不信任,产生紧张、忧郁、恐惧,甚至丧失信心,拒绝合作。面对不同的交谈对象,分诊护士应采用不同的语言表达方式,并掌握恰当的谈话内容,运用掌握的专业知识有针对性地向患者讲述他们所需要了解的知识,以此得到患者的信任感。

5. 具有敏锐的观察及应变能力

患者在门诊候诊的过程中,常有疾病突然发生变化的情况,这就要求分诊护士具有敏锐的观察、应变能力,认真观察候诊患者病情,及时发现患者病情变化,为患者赢得抢救时间。

6. 保持稳定、愉快的情绪

分诊护士代表着医院的形象,医院一般要求护士微笑上岗。护士一旦进入工作环境,就应该满腔热情地面对患者,将患者当成朋友和亲人,将对患者的爱心、同情心和真诚相助的情感融在语言中,给患者带来温暖和精神上的安慰,消除患者的紧张、焦虑心理。分诊护士应当加强心理控制,培养自制力,做到不把不愉快的情绪带到工作中,遇事不慌,遇纠缠不怒,始终保持良好的工作状态。

7. 要机智,有涵养

有的患者由于长时间受病痛折磨和情绪紧张,在候诊过程中有时会出现过激行为,有的可能是由于在大厅候诊时间过长,也有的可能是一种无意识的发泄。在这种情况下,分诊护士应冷静,以一种同情、理解的平和心态去面对,不要反驳,扶患者到一边坐下,或端一杯热水送到患者手中,此时无声胜有声,患者会逐渐地平静下来。

8. 具有分析和判断能力

单一疾病或具有典型症状的疾病容易分诊,复诊患者也较易分诊。但有的疾病较难分诊,如腹痛,可由多种原因引起,因此分诊护士要具备分析、判断能力,详细询问病史,如伴有发热在前和腹泻,安排消化内科;无明显腹泻,安排普通外科;伴有阴道出血,安排妇产科等,以免因为误诊而使患者病情加重。

9. 具有组织协调能力

当遇到患者病情危急或者情况特殊需要提前就诊,或患者挂号后未来就诊或者提出退号要求等特殊情况时,分诊护士均应根据不同情况及时对各类患者进行相应调整。分诊护士根据当天不同职称的门诊医生人数,在尊重患者选择医生的前提下适当调整就诊人数。

二、门诊护士礼仪

门诊是医院面向社会、对外服务的重要窗口,是患者进行治疗、咨询、体检、保健的第一场所。

门诊具有就诊患者多、人员流动性大、患者疾病种类复杂、涉及科室多、患者及家属疑问较多的特点。同时，来门诊就医的患者除生理不适之外，还普遍存在以下心理特征：急切希望见到医生，希望给自己诊治的医生是资历较深的，希望得到医护人员特别的重视，往往会出现焦虑、恐惧、悲观、自卑、消极的心理。门诊护士面临如此复杂的工作，给患者留下的印象无论好坏都是很深刻的，好印象很容易被患者接纳和信任，而坏印象一旦形成，对门诊护士而言，他们则很难有机会去改变它。因此，要与患者见好第一面，做好医院的形象使者，门诊护士应遵守以下礼仪规范。

（一）按照礼仪规范注重自己的仪表

门诊护士仪表要文明端庄，给患者以整洁、大方、文明的感觉，以便留下良好的第一印象；在个人形象方面要严格按照护士的着装标准，在上岗前仔细检查自己，化淡妆；不佩戴首饰，戴好胸牌，服装整洁，给人整洁的形象；举止端庄，站姿挺拔，工作期间不与熟人闲谈，不接打工作内容之外的电话；在接待患者时，要时刻保持面带微笑；在与患者沟通时，多用礼貌性语言、安慰性语言和鼓励性语言，切忌态度生硬和使用刺激性语言或训斥性语言。

（二）为患者创造舒适的就医环境

干净清洁、环境优美、秩序良好、景色宜人的门诊环境会给患者以美好的享受，有助于患者恐惧、紧张心理的减轻或消除。此外，门诊护士还需注意门诊的就医秩序，它是门诊环境中的一个重要组成部分。门诊护士应采取多种有效的办法，维持良好的就诊秩序，提高诊疗效率，从而提高医护人员的工作质量和工作效率。

（三）主动介绍，热情接待，耐心解答，帮助患者熟悉医院环境

对患者而言，无论是上急性病还是慢性病，无论是老是少，都有一个共同的心理需求，就是希望得到重视、同情、理解，希望能够马上见到医生，希望得到护士最好的护理。尤其是在候诊时，他们的情绪容易急躁。门诊护士应该充分理解患者的心理，在工作中要热情地接待每一位患者，首先要突出一个"情"字，为患者提供温暖人心、体贴入微的服务。护士要主动和蔼地跟患者打招呼，询问是否需要帮助，合理地安排和维持就诊顺序，做到忙而不乱。对于初次就诊对医院环境还不熟悉的患者，门诊护士要主动向患者介绍医院门诊情况、医院环境，以消除患者紧张、焦虑的情绪，从而使他们对医护人员产生信任；如时间允许可以根据患者关心的问题向患者介绍本医院的一些专科特色、专家诊疗特色及出诊时间，宣传相关疾病预防的知识和基础知识等，营造温馨、友善、互助、有序的就诊环境，使患者感受到医护人员对他们的关心和重视，从而增加患者对医护人员的信任感。

（四）做好就医指导，为患者提供方便，减少不必要的麻烦

患者从挂号开始到就诊、取药、做各种检查等，都需要经过几个不同的环节及场所。这需要门诊护士耐心详细地给患者做好就医指引，以方便患者，减少给患者带来的不必要的麻烦，如根据患者所挂号的科室，详细告诉患者诊室的位置。

（五）特事特办，灵活机动

对一些特殊患者，如发热患者、临产患者或赶火车、飞机的患者，门诊护士应该主动地给予其关爱，应酌情简化就诊程序，但同时还要做好其他患者的解释工作，征得其他患者的同意和理解。

（六）做好健康保健知识的宣传

门诊护士的职责不仅仅是单纯地完成护理治疗，还要向患者宣传卫生保健知识，这是护理工作中必不可少的一部分。门诊护士应抓住患者就诊的有利时机，通过使用各种宣传手段，如发放宣传手册，利用电视滚动视频播放，举办健康宣教板报，采用集体讲授、个别咨询方式等向患者宣传防病、治病的基本知识，提高人们的保健意识，满足人们对健康知识的需求。

三、急诊护士礼仪

急诊科是收治急、危、重症患者的场所,急诊科患者的特点是起病急、病情凶险,甚至生命垂危,需抢救处理,这对救护服务要求更高,讲究争分夺秒。当危重患者被送进急诊科时,患者和家属焦虑、忐忑不安的心情交织在一起,他们把每一丝生的希望都倾注在医护人员身上。急诊的工作不仅直接关系到患者对医院的信心,也关系到患者生命的安全。所以,得体的礼仪修养对护士完成急诊护理工作亦至关重要。优秀的急诊护士,除了应具备高尚的思想品德、良好的心理素质和精湛的护理技术外,还应掌握救助方法。

(一)急诊护士素质要求

1. 要有全面、娴熟的专业知识和技术

急诊患者病情重而复杂,如休克、急性中毒、严重的外伤、消化道出血等,这就要求急诊护士必须掌握丰富的理论知识,能在最短的时间内正确判断患者的病情,迅速帮助制订抢救计划,以挽救患者的生命。此外,急诊护士还要掌握抢救程序、抢救要点,各种抢救药品的作用、原理、使用剂量、不良反应和禁忌;在掌握护理专业基础知识的前提下,还应对各种抢救器械进行熟练操作,包括呼吸机、心电监护仪、除颤器、吸痰器等;在对患者进行抢救时,动作要娴熟、敏捷,忙而不乱,以赢得抢救生命的宝贵时间。

2. 要有团队精神

团队精神是协作精神和服务精神的集中体现,在急诊护理管理中,护理团队精神建设起着至关重要的作用。在危急时刻,急诊护士要与医生配合,齐心协力抢救患者,及时沟通,分工合作。急诊护理工作中不确定因素和突发事件常需要护理人员及时快速做出反应,共同协作和密切配合,某一环节或某一个人的工作出现偏差,就可能影响整体工作质量,甚至危及患者的生命。因此,急诊护理的团队精神显得十分重要。培养一支充满团队精神的高素质护理队伍是全面提高急诊护理质量的重要保证。

3. 要有奉献精神和高度的责任感

急诊工作的工作量非常大,且抢救工作又很紧张、辛苦,工作中急诊护士需要随时为患者清理呕吐物、脓血、痰液、大小便等,这是一般人很难承担的艰巨工作。因此,急诊护士应不怕脏、不怕累,以高度的责任感,想患者之所想,急患者之所急,从繁重的护理工作中实现自身价值,为抢救患者的生命、减轻患者的痛苦而努力工作。

4. 具有良好的身体和心理素质

急诊护理工作节奏紧张,工作繁重,质量要求较高。急诊护士既是脑力劳动者,又是体力劳动者,在工作中拉、背、抬、扶患者是常事,因此体力消耗较大。他们除了完成日常轮班工作外,遇重大抢救或意外事故,还要加班加点。急诊护士如没有健康的体魄,就无法胜任急诊工作。当面对心情焦躁、情绪激动的患者家属时,急诊护士要始终沉着、冷静,要学会处变不惊,忙而不乱,根据患者的具体情况,做出正确的判断、处理。

5. 法律意识强

随着国家法律法规的不断完善和健全,患者的法律观念也在逐渐加强,对医疗服务质量、护理质量的要求在逐渐提高。在护理工作中,急诊护士稍有疏忽,就会造成患者的不满和投诉,甚至产生医疗纠纷。因此,急诊护士应严格遵守各项操作常规,增强法律法规意识,依法执业。

急诊科护士常常会接触到各种患者情况,如意外伤害事故、斗殴致伤、自杀、他杀、吸毒过量等,随着病人进入医院,当事双方的矛盾也容易随之转移到医护人员身上。所以护士在整个护理过程中,应有法律意识,要加强自我保护意识,谨言慎行;同时要有高度的责任心、良好的职业道德,严格遵守规章制度、操作规范,严防忙中出错。

（1）严格遵守国家有关法律和急诊科各项工作制度和要求，严格按照操作规范履行急诊护士职责。潜在的法律问题主要有以下三种。

① 因责任心而导致的侵犯病人权益与犯罪问题。急诊护士从接诊病人开始就要有急诊意识和高度的责任心，意识到这是突发的紧急事件，需要密切观察和迅速行动，漫不经心或疏忽大意轻则会侵犯病人权益，重则酿成犯罪。比如，护士因疏忽大意，给未做青霉素过敏试验的病人注射了青霉素。如该病人对青霉素不发生过敏反应，该护士的行为只构成护理过错；但若病人因过敏性休克而死亡，则护士的行为构成渎职罪。

② 准确执行医嘱。急诊科常常面临争分夺秒的抢救，紧急情况下来不及书写医嘱，因此口头医嘱在急诊科是很常见的医嘱形式。护士一定要注意"三清一复核"，即听清、问清、看清，与医生复核药物名称、剂量、浓度，谨防忙中出错。各种急救药品的空瓶、输液空瓶或输血空袋用完后要集中放在一起，以便核对和计数。护士要重视护理记录的书写。急诊护理病历的书写应简明扼要、重点突出、清晰准确，关于病人的姓名、性别、年龄、职业、工作单位、地址、电话要填写完整。

③ 对到院时间、接诊时间、护理评估都要进行记录，尤其对生命体征的记录更应写得具体。抢救、病人离院或死亡时间也应记录无误，并应与医生病历一致。对抢救当时来不及记录的，允许在4小时内如实追记。因急诊科常遇到与法律有关的问题，故病历要注意保管，切勿遗失或涂毁。

（2）重危病人入院或进行辅助检查时，应有医护人员在场。

（3）注意严重工伤、重大交通事故以及必须动员全员全力抢救的情况。医护人员对需紧急抢救而病人单位领导或亲属不在，收治涉及政治或法律问题的病人，或对患者死因有怀疑的情况应立即通知医院总值班及公安部门，在积极救治的同时应提高警惕，遇有干扰治疗及护理者不宜激怒对方，应平静以对，同时通知医院保卫科寻求保护或拨打110，保护自身安全，对医疗工作以外的问题不随便发表自己的看法。

（二）急诊接待礼仪

1. 掌握急诊患者的心理

人们过去认为急诊病人病势危急，护理人员的任务就是以最佳的技术和最快的速度抢救病人，无须实施心理护理。近年来，随着抢救护理科学的形成和发展，人们越来越认识到对急诊病人也同样需要心理护理，因为急诊病人不是面临生命威胁，就是遭受躯体伤残，心理正处于高度应激状态。此时，如果护理人员对病人进行良好的心理护理，有助于病人转危为安。病人心理高度紧张，如果再加上抢救时的种种劣性刺激，就会加重病人病情，甚至造成严重后果。急诊病人有如下心理状况：

（1）焦虑心理。恐慌不安、焦虑等是急诊患者，尤其是高热、休克患者常见的心理状态。

（2）惧怕心理。由于起病突然（如各种外伤、大出血、剧烈疼痛等），患者往往缺乏心理准备，对突如其来的病情感到恐惧，惧怕死亡，害怕由于疾病会失去原有的正常生活，害怕诊断不准确而被贻误病情等。

（3）依赖心理。伤病造成患者的行为退化，情感幼稚，如患者因疼痛、发热而呻吟，甚至大声哭喊。

（4）听天由命心理。有些患者患急性病后，觉得事已至此，只能听天由命，听任医务人员的摆布，对病情和治疗结果持无可奈何的态度。

面对患者的上述心理状态，护士应有针对性地采取措施，适时、恰当地给予安慰和治疗。

不同病情、不同年龄、不同社会文化背景、不同经济条件等也对病人的心理活动有影响。因此，护理人员要善于具体分析每个急诊病人的心理状态，以便有针对性地做好心理护理。急诊病人的主要心理活动是恐惧，因此，心理护理的中心任务是增强病人的安全感。

急诊病人的心理护理有以下几方面。

（1）对待急诊病人和亲人一样。急诊病人大都求医心切，一旦进入医院，顿有绝处逢生之感。这时，护理人员应当做到紧张而又热情地接诊，亲切而又耐心地询问，悉心体贴，关怀入微与服务周到，使病人感到在危难之时遇到了救命的亲人。使急救病人感到护理人员可亲对护理人员是非常重要的。

（2）使病人感到护理人员可信。护理人员娴熟的医疗操作技术和严谨的工作作风，不仅是赢得时间使病人转危为安的保证，同时对病人来说又是心照不宣的支持、鼓舞，使病人感到护理人员可信、可敬，从而获得安全感。病人来急诊科就医时，处于一种急躁、忧虑、恐惧、担心、期望的状态之中，这时他对护士的每句话都是洗耳恭听的。所以在和患者进行语言沟通时，护士要讲究沟通艺术，将心比心，态度和蔼，态度友善，言语亲切，同时注意语气，因为沟通可以给患者带来信任和希望，也可以给患者带来痛苦和绝望，即既可治病，也可以致病。

（3）使病人感到安全。为了帮助病人缓解心理压力，减轻精神痛苦，护理人员还应针对每位病人的具体情况做好心理疏导工作。对急性急诊病人，原则上护理人员都应给予其肯定性的保证、支持和鼓励，尽量避免消极暗示，尤其是来自家属、病友方面的消极暗示，使病人能够身心放松，感到安全。急诊病人发病多突然，病人及家属无思想准备。护理人员绝不能在病人面前谈论"你不交钱就停止抢救与治疗"等，以免加重病人的心理负担及与病人家属发生冲突，造成不良影响。有少数急诊危重患者经抢救无效而死亡，护士在通知其家属时，应告知病情危重，随时危及生命，使家属有一定的心理、思想准备后再告之死亡的消息。对因车祸、工伤死亡者，如家属未及时赶到，护理人员要做必要的处理。所以，在护理过程中，我们应不断提高心理和业务素质，在积极施救的同时，认真做好病人的心理护理。护理人员要不断加强自身学习，更新心理健康方面的知识，使病人身心处于最佳治疗状态。

急诊护士与患者的沟通技巧有以下几点。

（1）善于感知、接纳病人是医患沟通的前提。

（2）能够感知、理解、同情病人，成为一个善解人意的人。

（3）要富于同情心，换位思考，设身处地地体验病人的悲观、忧虑、愤怒。

（4）文明规范的语言是医患沟通的基础上。

（5）在交流过程中，要讲究语言的艺术性，避免套用生硬的医学术语。

（6）善于使用非语言沟通技巧，运用亲切的目光、良好的言行举止，缓和病人因恐惧造成的紧张心理。

2. 遵循急诊接待礼仪

急诊护士面对的是危急、危重的病人，因此，这会对他们的服务水准提出了更高的要求。急诊护士只有树立更科学的服务理念，并将这种理念体现在具体的护理服务工作中，才能满足社会高标准的要求，在激烈的服务竞争中，赢得社会的尊敬和承认。在急诊接诊中体现出这种高水准的服务质量，也是现代护理学面临的新课题。根据急诊患者的实际情况，急诊护士接诊时应采取适当的救治措施，在接诊的礼仪方面应注意以下几点。

（1）稳定患者和家属的情绪，陈述利害。急诊患者由于起病急、来势猛，患者和家属都缺乏心理准备，从而表现出紧张、恐惧的情绪。急诊护士要针对这些情况，给予患者和家属适当的安慰和解释，陈述利害，尽快减轻或消除患者和家属的紧张情绪，使患者得到救助。

（2）争分夺秒，果断处理。护士对病情有大致的了解后，迅速对伤病员进行必要的救治处理。救治的方法要正确，决策要果断，充分体现护理人员处理问题的针对性、及时性，增强患者对护理人员的信任感，以果断的决策和得力的措施赢得抢救的机会。

（3）急不失礼，忙中守节。对急诊患者的接待虽然要求紧张、及时，但也不等于可以不顾礼节，护理人员应当做到急不失礼，忙中守节。急重症患者心理较复杂，总是有一种恐慌感和绝望感，急诊护士在接待患者时更应考虑到患者的特殊心理,态度要更为温和礼貌,处理病情果断而及时,繁忙中仍能不失礼节,耐心且有关爱之情。这对于患者不仅仅是态度上的关心,更重要的是信念上的支持。

3. 遵循救治中的礼仪

(1) 充分做好急救前的准备工作。急诊室是抢救患者的一线,是抢救生命的重要场所,时间就是生命,所以急诊护士要按照各自的岗位职责,随时做好各种抢救器械、物品、设备的准备工作,做到备用齐全、性能良好;同时做好需消毒物品的及时消毒,以满足紧急使用的需要。除此之外,急诊护士还需要做好自身的准备,平时应熟练掌握各种抢救器械的使用,以及熟练掌握各种急诊抢救措施和技术。

(2) 积极主动、团结协作,有效地配合诊治和抢救。急诊的抢救工作是医护人员密切合作的过程。急诊护士既是医生的合作者,又是患者的急救者,作为护理人员,要积极、主动地与医生做好配合,对于病情危急的患者,在医生到来之前,抢救护士可以酌情给予急救处理,如吸氧、吸痰、人工呼吸、止血与包扎、胸外心脏按压、建立静脉通道等,以免延误最佳的抢救时间。在涉及多个科室的联合救治时,各科医护人员要密切配合,团结协助,注重同事之间的文明礼貌,相互尊重,相互理解,共同完成急救工作,不能因为言语不合、协调不好而伤害同事感情,影响抢救。

(3) 妥善处理与家属的关系。由于急诊患者起病急,病情凶险,家属在思想上往往没有任何准备,对患者较差的预后无法接受,往往语言偏激,甚至做出一些不理智的事。此时急诊护士应理解患者家属的一举一动,在抢救的同时给予患者家属恰当的安慰和理解;对于患者家属过激的言语,要冷静对待,理解他们此时的心情;同时,要随时告知家属患者的病情变化,使家属做好充分的思想准备。

(4) 急而不慌,忙而有礼。急诊护士必须具有较强的应变能力。急诊患者发病急,来势凶猛,这就要求护理人员果断采取最佳的急救措施,真正做到沉着应战、临危不乱,始终保持急而不慌、忙而有礼、从容礼貌的工作态度,以稳定患者和家属的情绪,争取得到更好的配合,有利于进一步的救护。

四、病区护士礼仪

病区是患者接受进一步全面检查和治疗的卫生保健场所。当患者经医生初步诊断需住院接受治疗时,患者将住进医院,此时患者及家属由于对病情不了解心情都比较沉重,再加上对医院环境感到陌生,人员不熟悉,难免产生焦虑、沮丧、恐惧等情绪。此时,病区护士在工作中应以患者为中心,努力为患者创造洁净、温馨的病区环境,热情礼貌地接待每一位患者,积极安慰患者和家属,消除或缓解其负面心理情绪,使患者安心住院治疗,并树立战胜疾病的信心,从而促进疾病的康复。

(一) 病区护士素质要求

1. 热爱护理专业,工作尽职尽责

爱岗敬业是每个人必须具备的基本素质,一名合格的病区护士要热爱护理专业,具有敬业精神和全心全意为患者服务的思想,有强烈的责任心和责任感;在工作中必须兢兢业业,认真履行自己的职责,管理好病区的人、财、物;尊重患者权利,把患者看作朋友,对待患者一视同仁,对患者提出的意见要认真思考,适时解决。

2. 具有扎实的专业知识和娴熟的业务能力

随着医学模式和护理观念的转变,护理人员只有具备广博的社会知识、扎实的专业知识和娴熟的操作技能,才能够分析和解决临床上的疑难问题和突发事件。病区护士还要能够全面了解患者的病情、背景及经济情况,能及时有效地向主管大夫反映患者的情况;加强自然科学、社会科学及人文科学知识的学习,满足不同层次患者的需要;特别是在网络时代,更需要加强计算机的学习,提高工作效率。

3. 具有高度的责任感

护士每日工作特别繁忙,难免会忙中出错,这时最容易导致医疗纠纷和医疗事故,所以护士应该加强责任心,忙而不乱,宁可稍微慢一点,也要按照规章制度行事,同时做好对患者及家属的解释工作。比如,更换液体时,多数病房都是使用呼叫器通知护士,家属看到液体将要滴完的时候才赶忙呼叫,因为担心续不上,就赶到护士站催促快点换,态度也很急躁,当看到护士拿起液体并不马上去换,还要查对姓名、床号,就觉得不耐烦,会抱怨说"快点!都跟你说已经滴完了还不快点!"。这时护士一定要保持镇静,不要被家属的情绪所影响,做自己该做的事,可以这样回答"为了患者用药安全,我查对完马上去"。护士这样做既可以缓和家属急躁的情绪,又可以表明他们做事认真严谨的态度,能有效防止出现言语上的纠纷,造成护患矛盾。

4. 端正服务态度

病区护士代表一个科室的形象,应当端庄大方、谈吐文雅,在服务态度方面应当主动热情,而不是态度生硬;在任何情况下都要冷静、沉着、机智、理性,要善于控制自己的情绪,真正做到想患者之所想,急患者之所急,解患者之所困,积极主动、热情真诚地和患者建立平等、融洽的护患关系。

5. 掌握有效的人际沟通技巧

护士作为护理活动的实践者,必须掌握一定的沟通技巧,学会恰当地运用沟通技巧来建立良好的护患关系,以利于护理行为的实施,促进患者早日康复。然而在实际工作中,常有护士抱怨与某些患者沟通困难,达不到理想的沟通效果。尽管护士为患者提供护理服务时认真负责,但护理效果却难以得到患者及家属的肯定。这除了与护士本身的专业技术水平有关外,很大程度上与沟通效果不佳有关。护士应多与患者及家属沟通,用热情友好的语言、表情和行动向患者表达自己的关怀和重视,给患者以关注和抚慰,使患者对护士产生朋友般的依赖,从而取得患者的理解和配合。例如,在给患者输液时,护理人员可以主动询问患者"您今天感觉怎么样了?饮食如何?肢体有无胀痛?",鼓励患者表达出自己的感受,针对患者不同的感受,结合健康教育、饮食指导、功能锻炼及相关知识宣教。

(二)患者入院时的护理礼仪

患者住院治疗时,会因人生地不熟而感到恐惧、紧张和焦虑,护理人员要为患者及其家属留下良好的第一印象,就必须面带笑容,热情接待,彬彬有礼,落落大方,使患者有宾至如归的感觉。

1. 办理入院手续

患者需要住院进行治疗时,首先面对的便是陌生的环境、疾病的威胁及缺少信息等一系列问题。护士应热情、礼貌地指导患者及家属持相应证明到住院处办理住院手续,如填写登记表格、缴纳住院押金等。患者由于对医院的环境和制度不熟悉、不了解,往往心情比较焦急,在办理住院手续的过程中可能会表现出急躁、不知所措的情绪,此时护士一定要耐心、细致地为患者做好入院安排,切不可表现出冷漠、不耐烦的情绪,尤其不可给患者脸色看,大声斥责患者。

2. 向入院患者做介绍的礼仪

护士给患者的第一印象是非常重要的,当新入院患者来到病区,护士要起立面向患者,微笑相迎,先礼貌地道一声"您好",拉近与患者的距离,然后热情地接过患者的物品,亲切地问候和自我介绍"您好,我是值班护士,今天由我来接待您,请您先把病历交给我,好吗?",同时双手去接病历,以示尊重;如果此时旁边其他护士在场,也应抬起头来,面向患者,亲切微笑,点头示意,以示欢迎;在向患者介绍其主管护士及主管医生时应说"您好,这是您的主管护士,您有如果什么需要可以随时找她。等会儿她会详细地为您介绍入院后的有关事项。您的主管医生是李教授,待会儿他会为您做详细的检查和治疗"。

3. 护送患者进入病区

护士在引导患者进入病区时,要采用稍微朝向患者侧前行的姿势,这不仅仅是出于礼貌,也可以帮助护士随时观察患者的病情和意向,以便能够及时地提供护理服务。在护送过程中,对能步行的患者,护士可帮助其步行;对不能行走或病情危重的患者,可用轮椅或平车护送,要根据病情安置合适卧位,保证患者安全;如果是一位年长的患者,这时可以观察他行走是否方便。在护送过程中,护士要动作娴熟、稳重、轻快、敏捷,在护送过程中还应注意为患者保暖,必要时为患者提供输液、给氧的需要。如果护送的是病情较重的患者,护士应与患者基本平行,以便随时观察患者的状态,尽量缩短把患者送到病房的时间,切记不能只顾自己往前走,把患者甩到身后。进入病区后,护士还要礼貌、耐心、仔细地与其他值班护士就患者的病情、物品进行交接,做到有始有终。

护士在引导患者进入病区的过程中,要主动帮助患者提取重物。护士还要亲自带着患者到病区走走,熟悉一下住院环境,并且帮助患者与同病室的病友尽快地熟悉起来;热情地向患者介绍病区的环境,如护士办公室、医生办公室、治疗室、卫生间的具体位置等,患者病房的具体配置,包括床、床上用品、床旁桌、床尾椅,并演示床头灯、呼叫器的使用方法,介绍医院的规章制度、作息时间及有关家属探视的规定。护士在介绍这些时,要使用礼貌用语,注意语气,使用"您""请""谢谢""对不起"等礼貌性语言,避免使用命令式的语言,使患者尽快地熟悉医院,适应患者角色,消除其紧张、恐惧心理。

(三)患者进入病区后的护理礼仪

患者在护士站办理手续后,护士应该尽快地把患者引入病房,对于一些急症患者或者是其他一些不方便的患者,如年岁大或者是孕妇、小孩,应该尽快使患者处于最佳舒适体位,责任护士不应该在护士站询问病史、测血压、查体等,这样不但会增加患者等候的时间,而且也扰乱了护士站工作场所的秩序。

新入院患者,无论是急性病还是慢性病,都非常希望尽早地与主治医生和责任护士沟通。所以患者入院以后,责任护士应该在第一时间来看望,安排患者的衣食住行,尽快通知主治医生到场,做好自我介绍以及入院当天相关的检查治疗,以满足患者归属的需求。

在护患交谈中,如果患者采取的是坐位,那么护士要采取站位。如果患者采取的是卧位,护士可采取坐位。视线基本平行更适合彼此的交流。护士在进行护理活动时需要做到以下几点。

1. 仪态自然大方

礼仪与护理工作是密不可分的,护士在护理操作中所展现出的自然、得体、大方的仪态可给人以美感,这体现在护士工作的时时刻刻。比如,行走时的自然,推车时的平稳,各项操作的轻、快、准,以及抢救患者时镇静、自然的神态等都能给人以忙而不乱的感觉,使患者对护士的工作能力产生信任,增加患者的安全感,使各项护理工作顺利进行。

2. 语言亲切、温柔

语言美是心灵美的外在表现,也是护理职业形象美的关键因素。护士亲切、温柔的语言让患者如沐春风。规范得体的谈吐使患者感到被重视和被接纳。护士在工作中出现语言或行为欠妥时,及时向患者说一句"对不起",就能尽快获得患者的原谅,解除误会,避免纠纷。

3. 思维敏捷、动作准确

护士应本着对患者负责任的态度,在临床护理中必须做到思维敏捷,动作准确,尤其是在紧急的情况下凭借严谨的科学态度、丰富的临床经验,给出准确的判断和处理方法,为患者赢得最佳治疗时间。

4. 首问负责

首问负责是指当患者对治疗有疑问或者渴望了解病情时,无论问到哪位护士都不应推脱或者让患者去找其他人解决。作为被患者首次问到的护士,如果不能够解决患者的疑问,应设法和护士长或者医生取得联系,并且最终把结果告知患者,事后还要询问患者问题解决的情况,直至患者满意。

5. 呼叫器不能代替观察、巡视

巡视病房是护士的责任,护士通过定时巡视病房可以及时发现患者的一些问题,如输液管道是否通畅,输液穿刺针是否固定妥善,液体是否流尽,病情是否出现变化,患者是否需要变换体位,引流管固定是否妥当等,以便护士及时处理,提高服务质量。呼叫器能帮助患者通知护士,一般放到患者能够伸手拿到的地方,护士要教会患者使用呼叫器的方法,要知道观察病情、观察输液的情况不是患者的责任。所以,护士不能够单纯地依赖呼叫器,呼叫器也不能代替护士的观察、巡视。护士介绍呼叫器时可以这样说"您好,我把呼叫器给您放在这儿了,液体输完或您有什么不舒服,叫我一声,就像这样一按,我们会马上过来看您的"。护士在病区值班时要多巡视,主动地照看患者,放呼叫器为的是给患者增加安全感,在需要的时候可以及时地呼叫,但它并不能取代护士巡视病房的工作。护士在接听呼叫器时,态度一定要好,语言要非常礼貌,要让患者有安全感,不能说"你等会儿""我一会儿就来",而要回答说"好的,我马上就来"。

6. 进行操作前要体现对患者的尊重和关心

在护士对患者进行各种操作前,要耐心地对患者进行操作前解释。在做各种检查前,护士进入病房时,应该轻轻地叩门以表示对对方的尊重,并轻声地致以问候如"您好,早上好"。沟通时护士要举止端庄大方,热情友好,让患者感觉到亲切和温暖,在执行留置胃管、导尿、灌肠等操作前,护士应该处处为患者着想,如拉好窗帘、遮挡屏风、耐心给患者做好解释、安慰工作以取得患者的配合。

(四)患者出院时的护理礼仪

1. 出院前的祝词

患者身体康复需要出院时,护士千万不要误以为患者即将离开医院,就不再和医院、护士打交道,礼仪规范就无所谓了。为了使护患关系有一个良好的结束,给患者留下一个美好的印象,护士更需要注意患者出院时的护理工作礼仪。

在得知患者痊愈出院时,护士应给予其真诚的祝贺,送别时可以说"王先生,祝贺您康复出院,脱去病员服,您的气色显得更好了,真为您高兴,再一次祝贺您",或说"出院后如何进行康复锻炼还记得吗?希望您能按指导方法,坚持锻炼和调养,您会恢复得更快、更好的",还可以说"临走前您能谈谈住院期间的感受吗?对我们的工作有什么意见您提出。谢谢您在住院期间对我们工作的理解与配合,如有关照不周,请多多包涵!",同时告知患者本院、本病区的电话号码,以便联络。

2. 细致的出院指导

患者即将出院前,责任护士一定要做好出院指导,主动协助患者办理出院手续,进行口头或书面的健康宣教,回答患者所咨询的问题,指导如何继续用药、如何随访、如何进行康复锻炼、出院后的饮食起居、出院后的注意事项及复查时间等,还可以请患者留下他的联系方式和家庭住址,便于定期进行电话或者上门随访。

3. 出院送别的礼仪

在患者出院手续办理完毕,听完必要的医嘱、健康指导后,即将离开病区时,护士可将患者送到门口或车上,祝贺患者康复,嘱咐患者多保重,并向患者行握手礼或挥手告别。温馨的道别可以使患者感受到你对他的关爱还在延续,可以说"请慢走!请多保重"等,但切忌说"欢迎再来",送至车上时要等到汽车发动时方可转身返回。

任务三　患者护理礼仪

知识拓展

礼貌经常可以替代最高贵的感情。

——梅里美

一、患者接待礼仪

在社交活动中,往来礼仪包括迎接、护理和送别患者等一系列过程。护士与患者进行交往可以增进双方联系和情谊,促进护患协作;可以增加知识,开阔眼界;可以排解烦闷,解除疲劳;可以陶冶性情,提高修养,从而使护士更好地完成护理工作,使患者尽快康复。

(一)接待前准备

(1)了解患者。接待前的准备工作,首先应从了解患者的情况入手,以便进一步安排接待工作。内容主要包括姓名、病情、护理要求、到来的时间以及家属或其他陪护人员的人数、性别等。对于来自少数民族地区的患者,护士还应了解其民族、宗教信仰及饮食禁忌等。

(2)提前布置环境。为了表示对患者的尊重,患者到来之前护士应清理杂物,保持环境无菌、卫生。室内布置要淡雅清新,使患者赏心悦目,心情舒畅,让患者在轻松的气氛中接受护理和疗养。同时护理人员应注意衣装整洁,表现出对患者的尊重和热情。

(二)迎接患者

护士应准时接待,不要迟到,否则很难改变患者不愉快的最初感受;接到患者后要先致以问候,做自我介绍,并协助患者搬运随身物品。请患者乘车,也应讲究礼节。开车以后,护士要主动与患者寒暄,可以介绍一下医院情况、住院情况、患者病情等,不要使患者受到冷落。到达医院,接待人员应先下车,给患者打开车门,说一声"慢下车",招呼患者下车,随后妥善安置。迎接患者礼仪又包括如下细分场景的礼仪规范。

1. 引导礼仪

患者到来,道路不熟,护士应当随时给患者引路。引路也要遵循礼仪。护士在引导时要不卑不亢,落落大方,不可点头哈腰,低三下四;要态度和蔼,行动敏捷,答问简洁、准确,服务周到、细致;能懂一些通用外语,交流会更方便;如不懂,靠眼神、手势来传递信息。

(1)在引导开始时,护士应主动上前向来宾点头问好以示礼貌,然后面带微笑地向来宾说一声"请随我来",与此同时,还必须以自己的左手掌心向上,五指并拢,抬至齐胸高,伸直后为来宾指示方向。护士在引导来宾行走的过程中,应始终走在患者前面1米左右的距离;二人并行,以右为上,所以应请患者走在自己的右侧;为了指引道路,在拐弯时,应前行一步,并伸手指引;三人并行,中间为上,右侧次之,护士应走在左边。

(2)护士在引导时一般不宜高谈阔论,以免使患者分神,而失足摔跤,当众出丑。护士需要说的只是提醒患者脚下留神,或在拐弯、上电梯、进入房间时,告诉患者"请这边走"。

(3)在上楼梯、拐弯处、进电梯、进入房间时,走在最前面的护士应稍等一下患者。进入无人管理的电梯时,护士应率先进入电梯,按住开的按钮,等患者进入电梯后关闭电梯门,到达后,护士按开的按钮,让患者先出电梯。进入有人管理的电梯时,护士应待全体人员进入后再进。不过要是电梯里的人很多,出电梯时自己又堵在门口,护士则可首先出去。到了门口,护士要告诉患者说"到了,请进"。

(4) 引导患者进出病房时,护士可先进一步,主动开门,待患者通过,再轻掩房门,尽快跟上。如果患者行动不便,护士则应主动搀扶,或申请使用轮椅、担架等,解除患者的不便。到达门口,护士应介绍所处环境情况,然后嘱咐前来看望的人员或患者相关注意事项,待所有人员落座后,如无必要留下,护士可退场。

(5) 条件允许的情况下,最好及时让入院患者就近休息,待准备妥当后及时入院。

(6) 引导来宾前去看望,或引导患者求医问诊时,护士需提前告知其前往的位置。引导来宾或患者经过拥挤、坎坷路径或上、下楼梯时,护士务必叮嘱对方"请注意脚下""请留神""请您注意安全"等。

2. 送别礼仪

患者来时,以礼相迎,患者出院,护士还应当以礼相送,使整个接待和护理工作善始善终。送别时失礼,则会大大影响前期工作的效果。在患者病情好转或康复、需要转院以及自行决定出院时,护士应做到如下几点:

(1) 提前与相关主治医师进行沟通,询问能否顺利出院;

(2) 若准许出院,则应主动协助患者或患者家属办好出院手续;

(3) 将出院后仍需服用的药物、仍需进行的保健活动和其他注意事项提前告知患者及其家属,条件允许的话可以列一个清单;

(4) 如有特殊需要,应提前准备好轮椅、担架、拐杖或其他护理与辅助设备;

(5) 注意言行举止的礼仪规范,不增加患者出院压力。

(三) 接待礼仪因人而异

一般而言,护士在接待时应遵循的礼仪原则是要有热情、同情、爱心、耐心,而对于不同年龄段的患者,根据其生理和心理特点的不同,接待时也应"对症下药",遵循不同的礼仪规范。

1. 接待患儿

儿童的特点是活泼、好动,善于模仿,接受能力和求知欲很强,同时对父母依赖性较高。来到医院这样一个陌生的环境,到处可见身穿白大褂的叔叔和阿姨,他们的心里充满了恐惧与好奇。面对新入院患儿,护士首先要树立良好的自身形象,服装得体、整洁、美丽,举止文明、礼貌,态度和蔼,在称呼中可多用"某小朋友""某同学""请""谢谢""对不起""别客气"等文明语言,如护士可以说"小朋友,不要怕,爸爸妈妈会陪伴你的,这里还有许多和你一样的小朋友,他们很快会和你成为朋友的"。

2. 接待青年患者

年轻人生病时容易产生自卑心理,讳疾忌医,这时他们通常会表现为烦躁不安、愤怒、沮丧、抑郁、不配合治疗等。护士接待此类患者的重点主要是取得其信任,增加他们对治疗的信心。这就要求接待护士的举止要干脆、利落、自然、大方,态度要热情、礼貌、和蔼,语言要真诚,这些会让他们觉得选择这里住院是正确的,这对治疗患者的疾病是有帮助的。但对于异性青年,患者护士要注意把握分寸,避免过分热情,只要不卑不亢、以礼相待即可。

3. 接待中年患者

中年患者的压力是最大的,这个时期的人上有老下有小,是整个家庭的支柱,在单位又是骨干力量,自己的事业也正处于人生的高峰期。若此时患病住院,患者心理和生活上都存在一定的压力,因放心不下家里、离不开事业、不想住院但又不得不住院,他们的心理活动往往表现为自责、急躁、矛盾。接待的护士要理解、同情对方,必要时对患者进行说服和劝解,劝解时要站在患者的立场,言辞恳切,避免华而不实。如果患者是因为担心老人、孩子没人照顾而不想住院时,护工可说

"我理解您此刻的心情,不过您一定要安下心来养病,只有您痊愈了,才能更好地照顾老人和孩子。您的孩子都大了,也该放手了。他总是要独立的呀,就算是给他一次机会锻炼一下嘛"。

4. 接待老年患者

老年人大多行动缓慢,心理上具有孤独、不安、爱猜疑等特点。这就需要护士对他们更加尊敬、和善、耐心帮助,用"大爷""大娘""阿姨"等称呼或以职务称呼"某科长""某主任""某老师"等,切记不能直呼其名,以免引起老年人的不愉快;在与老年人交流中咬字要清晰,通俗易懂,不急不躁,必要时可发挥体态语言的作用,并辅以适当的表情,如点头微笑、同情的注视或者温柔的动作等。

二、患者家属与来访客人的接待礼仪

(一) 接待患者家属

护士与患者家属之间的关系,实际上是护患关系的一种延伸,可是在繁忙的护理工作中它往往被护理人员所忽视。患者家属是患者最有力的社会支持者,医护人员应及时、准确地跟患者家属进行沟通,及时提供各种反馈信息,安慰、关心、爱护和尊重患者家属,维护患者家属的身心健康,帮助家属提高应对能力,促进医、护、患的合作,发挥家属在患者康复中的作用。

要处理好与家属间的关系,护士应遵循的礼仪原则是礼貌、大方、尊重、友好。面对自己的亲人生病住院,家属的反应因人而异,着急、恐慌、紧张、束手无策等这些负面情绪常常直接影响到患者的情绪,使他们更加焦虑,导致病情加重,家属又往往会从医护人员的举止行动中猜测、判断自己亲人的病情发展、治疗效果。因此,护士的一举一动,哪怕是一个微笑、一个眼神都起着至关重要的作用。护士处理好与患者家属间的人际关系,可以缓解患者的紧张、对抗情绪,还可通过家属详细了解患者的生活习惯、心理状态和家庭支持系统,有利于护理工作的正常开展,减少护患纠纷。

1. 热情接待家属的探访,做好入院时的宣传教育

护士应热情地接待来医院探视患者的家属,有的患者家属第一次来到医院,对医院环境不熟悉、不适应,对医院的规章制度也不了解。在接待的过程中,护士态度要热情,主动询问并耐心听取家属要求,给其引路,并主动介绍医院环境,陪护、探视制度及注意事项,这样才能使患者家属感觉到被尊重、被接纳,对护士产生信赖感并主动与护士一起承担照顾患者的角色。在宣传陪护、探视制度时,护士的态度要认真、严肃,语气要平和、自然,举止要大方、得体,让家属了解这些制度更多的是从患者的角度出发,为了保证患者得到良好的治疗、优质的护理、合适的休息而制定的。

2. 耐心解释家属提出的问题

患者生病住院期间,家属由于对患者病情的关心和对疾病的不了解,却又急于想知道结果,因而会向护士提出一系列与患者病情有关的问题。护士应根据自己掌握的专业知识、临床经验和所了解的状况,向患者家属耐心地进行解释,做到有问必答、多问不烦,以消除患者家属的焦虑和恐惧等情绪。但是有的家属会出现不停询问的情况,护士甚至有时解释一次、两次还不够,这时就需要护士有足够的耐心,切不可嫌烦、敷衍、搪塞。如果护士真的不能解答,可转告患者的主治医师,由其主动向家属解释患者的病情。这种交往既可以增加患者家属对护士的信赖感,同时还可以通过家属做好患者的心理护理工作。

3. 掌握好交谈的艺术

护士在与家属交谈病情时,注意把握讲话的分寸,讲究谈话艺术;要根据家属的文化水平、心理状态及承受能力来把握谈话的分寸,说话的方式、方法也要因人而异,既要把病情讲清楚又要维护家属的心理健康,做到科学地解释、诚恳地安慰;特别要注意的是对于患者家属提出的医疗方面的问题,回答时要与医生保持一致,避免引起不必要的纠纷。

4. 主动、及时地介绍患者的病情,虚心听取家属的意见

家属到医院探视是为了能够照顾患者和了解患者的病情、治疗和护理情况,护士应理解家属

的心情,主动向患者家属介绍患者的病情、治疗措施及预后,让他们对患者的情况做到心中有数,以减轻他们的紧张、焦虑情绪,也便于他们做好各种安排。患者家属出于对患者的关心,往往对病情观察得比较仔细,对患者的心理状态也了解得比较清楚,对于患者的护理常常能提出一些合理的建议,护士应主动征求亲属的意见,认真倾听,虚心接受。

5. 给予家属心理支持

亲人生病,家属会产生不同程度的紧张、焦虑情绪,尤其是突患急症或不治之症患者的家属往往会感到烦躁不安、孤独无助和不可接受,他们很需要医护人员的帮助和支持。护士应耐心细致地做好家属的思想工作,使他们对疾病有正确认识,减轻他们的心理负担,共同稳定患者的情绪,促进患者早日康复。

6. 指导家属参与对患者的护理

一般来说,家属都有参与护理的积极性,希望自己能更好地照顾患者。但他们大多数不具备医疗和护理知识,不懂得如何参与,这就要求护士进行认真而有效的指导。当患者出院时,护士应与家属进行直接沟通,指导他们更好地帮助患者进行后期治疗和休养。

(二) 接待来访客人

来访客人一般指来医院看望病人或前来参观、学习的人。护士接待此类人员应遵循的礼仪原则是周到、谦虚、友好、大方。

1. 自我介绍

自我介绍是让对方了解自己的首要手段,直接关系到你给别人的第一印象及以后交往的顺利程度。客人落座后,护士应主动、及时地做自我介绍,同时问清楚客人来意。如果来访者先递了名片,则护士应当及时地回赠,给人一种被尊重的感觉,这样双方就能在极短的时间内大致了解对方的身份和意图,从而给下一步的交往和工作带来方便。

自我介绍务必讲清下述几项内容:

① 姓名;

② 业务经历(应注意与职务有关);

③ 专业知识、学术背景(应注意与岗位、职业有关);

④ 用幽默的语言或警句概括自己的特点可加深他人的印象;

⑤ 致谢。

2. 热情有礼

护士及所有的医院工作人员应热情、友好地接待来访客人,有礼有节,当客人到来时,要立刻起身,表示欢迎,如问候"您好,请进,欢迎您来到我们医院",接着根据具体条件沏茶倒水,以示热情。

3. 举止恰当

在任何情况下,正确地运用握手礼仪,都是为了表示对对方的尊重。护士在与他人握手时,应在女士、上级、长辈等尊者伸出手后再相握,面部要流露出诚挚、亲切的笑容。

4. 介绍环境

向外来人员介绍周围环境时,护士要体现出主人翁的态度,要热情、谦虚、诚恳。这种态度不仅表现在言谈、神态上,还表现在其他行动和细节上。例如,护士在接待前来看望病人的客人时,应主动告知患者目前身体情况,同时提前说明患者治疗期间客人应注意的事宜;若对方为参观、学习的客人,则不可让客人独坐过久,与其交谈时不可心不在焉及一边交谈工作一边应酬等。

5. 介绍同事

必要时,护士要把自己的同事介绍给客人,介绍时要目光热情有度,注视对方,将目光移向别处是对被介绍人的不尊敬。护士在介绍时得注意先后顺序,应该先把男士介绍给女士,把地位声望低的介绍给高者,年轻的介绍给年长的,未婚的介绍给已婚的,晚辈介绍给长辈。护士为他人做介绍时,应该礼貌致辞,如"请允许我向您介绍一下大家",或者说"我来介绍一下,这位是×××"。

护士在为他人做介绍时应该注意手势的运用,应该是手掌伸开向着被介绍的一方,切记不可用手指点来点去,或者用手拍被介绍人的肩膀、胳膊等,这些都是不文明、不正式的行为。

任务四 同事交往礼仪

知识拓展

人无礼则不生,事无礼则不成,国无礼则不宁。

——荀子

一、与平级同事交往礼仪

同事就是与自己一起工作,同干一件事的人。同事之间的相处直接影响到自己的工作、事业的进步和发展。在工作中,护士和同事交往时总的礼仪原则是团结、互助、诚信。护士作为医院的工作人员,由于工作性质的特殊性,在医院要同各方的同事打交道,其社会接触范围也较广,如医生、医院后勤、行政人员等。无论和什么部门的同事相处,都必须遵守团结、协作、健康的交往原则,因为同事之间相处久了,彼此都有了较全面的了解,双方工作条件、心理状态均相差不多,只有做到相互信任、以诚相待,才能使同事之间的友谊地久天长。

(一)信守诺言,以诚待人

同事之间在交往时应该遵循以诚相待的原则,但不要轻易答应自己没有把握完成的事,而一旦允诺了对方,不管有多大的困难自己也应该尽一切努力去完成,否则会失信于人,以后很难再得到同事的信任。自己如果由于某些特殊原因,没有帮同事把事办成,就应该诚恳道歉,并解释事情的原委;如果帮同事把事办成了,也不要经常挂在嘴上,时刻提醒对方或者是到处炫耀。

(二)宽容大度,互相友爱

每个人都希望得到别人的关爱,但只有从自身做起,尊重师长,爱护同事,才能营造出一个温馨的公共生活氛围和良好的同事关系。护士在工作中,如果发现对方有问题或偏差时,应及时、诚恳地提出,不能袖手旁观,任其发展。而听取意见的一方对同事的善意批评应虚心接受。例如,医生在医嘱方面出现差错或错误时,护士发现后要礼貌地给予指出,充分发挥团队精神,避免在工作中出现失误。但是长时间在一起工作,同事之间难免会产生误会和矛盾,当出现分歧与矛盾时,每一个人都应该以冷静、大度的态度去处理,始终把患者的利益放在第一位,仔细分析原因,寻求恰当的机会去解决问题。只要双方能够坦然地去对待矛盾,并能够以冷静的态度去积极寻求解决的办法,矛盾和误会总是会解决的。

(三)善待他人,幽默有度

人和人之间的能力、水平、教育、个性均是有差异的,我们应正确对待,不必自卑,也不必骄傲;要学会善待他人,对同事在某些方面的成就和幸运,要真诚地表示祝福,绝不能产生嫉妒心,借机寻衅或捉弄报复。善待他人就是善待自己。善待同事有时仅仅需要我们的一点耐心、诚心和细心,这是世人皆能办到的事情。与人为善,为自己创造宽松、和谐的人际环境,可以少一份吵闹,多一份融洽,让个性和事业有更宽阔的自由天地;与人为善,我们不仅能享受施惠于人的快乐,还能让自己的身心健康美丽。纷繁人生,拥有一个和平、安宁的世界,就等于拥有了一座五彩缤纷的花园:温柔的小草、慈祥的老树、温馨的花儿。与人为善并不是为了得到回报,而是为了让自己活得更加快乐。孟子曰:"君子莫大乎与人为善",善待他人是寻求成功的一条路径,只有我们去善待别人、关爱别人、帮助别人,才能处理好人与人之间的关系,从而获得他人的愉快合作。

在单调的工作中,幽默风趣的交谈会给同事间的交往带来可贵的情趣,但幽默过度就变成了油嘴滑舌。幽默是一种技巧,是化解尴尬气氛的"调和剂",用幽默来化解同事之间的紧张关系,必然会赢得同事的信赖与尊重。我们应真正学会在不伤害任何一方利益的前提下,化解矛盾双方的误解,不偏不倚,成为大家信赖的人,绝不可借幽默来恶意中伤、诋毁同事。

(四)讲究协作,互相支持

协作是指在目标实施过程中,部门与部门之间、个人与个人之间的协调与配合。协作应该是多方面的、广泛的,只要是一个部门或一个岗位实现承担的目标所必须得到的外界支援和配合,都应该成为协作的内容,一般包括资源、技术、配合、信息方面的协作。

协作的另一种解释是为了实现共同的目标,充分地利用组织资源,依靠团队共同的力量共同完成某一件任务。协作可以使集体集中力量在短时间内完成个人难以完成的任务。当我们协作时,创意火花飞舞得更快、更激昂,整体成就也高于个别努力的总和。在团队的协作过程中,有创意的解决办法常会出人意料地出现。我们应以整体视角看待工作中的协作,主动给予支持及寻求支援,推动目标实现。

一项工作尤其是护理工作,想要做好需要多方面的协作,要求护士在工作中组成一个团队,同心协力、相互协作、相互支持;对待自己的工作一定要克己奉公,不能推卸责任,需要帮助时要与同事商量,不可强求对方;请求帮助时,应尽自己所能真诚相助;对年长、资历深的同事要多学、多问、多尊重;对比自己年轻的同事要多帮助、多鼓励,这样才能营造团结、文明的工作环境。

(五)体谅难处,倾情相助

体谅就是设身处地地为他人着想,也就是要善解人意。有体谅之心的人,往往是一个善良的、大方的、胸怀宽阔的人。作为一种做人的境界,体谅一直为人们所称道。在生活中,那些与体谅有关的人和事也常常令我们动容。不管在工作中还是生活中,同事若有难处,我们都应予以体谅,尽力帮助。当同事在生活上遇到困难时,要学会换位思考,千万不要吝惜你的关心与安慰,尽自己的能力相助。对同事的重视会让他感受到你真挚的友谊,这是赢得对方信任的关键。

二、与上级同事交往礼仪

在日常工作中,摆正关系是搞好上下级关系的前提,但是与上级领导相处不是简单的服从、服务,而是既要热情又不过火,既要大度相处又不缩手缩脚,应遵循的总的礼仪原则是尊重、礼貌、自重、谦虚,具体应从以下几个方面注意。

(一)尽职敬业,当好参谋

爱岗敬业的精神基础是忠诚。忠诚,是事业天空的阳光,是心灵田园的交响;忠诚,是回报春晖的寸草,是擎起精神大厦的基桩。爱岗敬业是企业发展的根本保障,是职工实现自我价值、走向成功的必由之路,也是社会主义职业道德建设的应有之义。一个人生活在这个世界上,总要有个目标,有个发展方向,有个谋生的依托。你既然投入这个给你依托的集体,就要把自己的理想、青春、才智毫无保留地奉献给这个集体,就像鱼儿离不开水,花儿离不开秧。如何表达对集体的这种爱呢?最基本的做法就是爱岗敬业。爱岗敬业说得具体一点就是要做好本职工作,把一点一滴的小事做好,从我做起,从小事做起,在平凡的岗位上,充分地发挥你的光和热。

怎样才算爱岗敬业呢?

对待本职工作，我们应常怀敬畏之心，专心、尽职、尽责，干一行、爱一行、钻一行、尽心尽力、全身心地投入。对待事业要有愚公移山的意志，有老黄牛吃苦耐劳的精神，着眼于大局，立足于小事，努力在平凡的岗位上做出不平凡的业绩，这就是爱岗敬业。如果你在工作上能爱岗敬业，并且变成一种习惯，你会一辈子从中受益，有了这种习惯，就可以在事业上施展自己的才能。即使你的职业是平凡的，你处处以尽职尽责的态度去工作，也能增添个人的荣耀；如果你能爱岗敬业，你就会充满自信，敢于面对任何困难，排除种种障碍，使工作和人生获得圆满成功。身为企业的一员，我们的命运与企业的前途息息相关。面对越来越激烈的市场竞争，我们应怀着一种对企业的忠诚感和主人翁的责任感，时刻关注企业的生存与发展，将个人的利益、成长、发展融入企业的利益与发展中，与企业同舟共济，荣辱与共；要找准自己的位置，尽职尽责，认真工作，发扬忠于职守、克己奉公、无私奉献的精神，保质保量完成每一项任务，只有这样才能不负时代的重托，不负事业的期望，不负我们的人生价值观。

下级若想让上级满意，最重要的前提就是爱岗敬业，圆满出色地完成本职工作；除此之外，还要起到参谋助手作用，树立参与意识；在有限的时间内，做深入的研究和思考，对解决问题的方法、可行的方案、相关思路和情况等了然于胸，主动做好领导的参谋助手和"百科全书"；不能只当传话筒和快递员，只等着领导安排部署，把自己置身事外，旁观坐等；领导做决策时，又必须及时换挡减速，变道靠边，不可自以为是，喧宾夺主，影响领导做出正确决策。

护士的直接上司就是护士长，在工作中护士要以主人翁的身份，为护士长的工作和集体利益主动出谋划策；当护士长工作遇到困难时，要设身处地地替领导着想，帮助其渡过难关。例如，给护士临时调班是护士长比较头疼的事，遇到有科里的同志需要调班时，要主动积极担当替班的责任，为护士长分忧解愁。

（二）接受任务时应积极热情

对上级领导下达的任务，下级应积极响应，如义诊、加班加点、抢救患者、为科室整理文件资料等。不论工作有多难，每一位护士都应竭尽全力去完成；如对护士长的安排有疑问或意见，应耐心听完后再提出自己的看法，不能中途打断领导或当场大吵大闹让领导难堪。

（三）尊重领导

在工作中，下级要尊重领导，维护领导的威严。

威望是领导者的必备素质，无威无望何以服众？威望也包括必不可少的群众基础，也就是领导的管理基础。管理者一定要明白用权以威的道理，努力提升自己的威信，做到恩威并用，这样才能真正地服人和治人。使下属俯首听命，发挥所长，并且带动整个团队积极向上，其先决条件是领导必须成为受人尊重而有威严的人。尊重领导首先就要尊重领导的威严。

什么是威严？威严是一个人气质的表现，又是一种人物情态。作为领导者的一种必备气质，这样的威，常常是人表现出来的一种能够使他人畏惧的力量。威字常与力量连在一起，如威力、威慑、威逼、威权等。将威与权连在一起，也是因为权是力量。领导对下属应该宽严得宜，恩威并用，这样才会事半功倍。亲和力有加，威严不够也是不行的，管理上是讲究恩威并用的，故增些威严对管理工作也是有益无害的。例如，一些媒体上经常推出各类型的"权威人士"来增加人们对某些事物的信任度，可谓让人眼花缭乱，这其实也是在以威压人。

如何尊重领导的威严？有理有力，以理服人，以德服人，这样的威严才真正要人敬畏，而不是单单的装酷。尊重领导是指下属敬重领导者。这里的尊重主要是内心的敬重，来源于思想上的一致、情感上的共鸣以及对领导言行、品格、作风和处事方式的高度认可。对领导的真正尊重，传递的是人与人之间心领神会的沟通和理解，反映的是同志式的、融洽的人际关系，这种尊重以由衷的、发自内心的钦佩为前提。

尊重别人是一种美德,尊重别人更是个人素养的体现。更何况尊重领导是下属的职责,是下属的工作。尊重领导,把握好机遇,对下属个人来说也意味着提升的空间。尊重也是相互的,尊重别人也就是尊重自己,你的言行举止是你内涵、修养的体现。当你对待别人时表现出应有的尊重,你的良好素质与形象也就随之展现在人们面前,别人当然也会给予你同样的尊重。

尊重领导的威严应注意什么?尊重不仅仅指在礼物的馈赠上,一句话语、一个眼神、一个动作都能够体现我们对别人的尊重之情。应该说,互相的尊重是人与人正常交往的基础。典型的不尊重领导的表现形式,如在工作会议中,领导在上面讲话,下属员工也在讲,领导不讲话了,下面的人也不讲了,这不仅破坏了正常工作会议的进行,而且还会让领导对你产生厌恶的心态。

不尊重领导威严的后果很严重。一般说来,如此撕破脸皮再和谐收场的不多,绝大多数都会演变成另一种形态的"战争"。这种"战争"除非你真有本事及客观条件的配合,否则当部属的大都要吃败仗,因为领导有比你充分的资源可运用,你想不吃败仗都不行。

因此,为了自己的发展和前途,我们必须尊重领导的威严。真正尊重领导就要端正态度,做到尊敬不怠慢,重视不轻视,积极不消极;就要严谨细致,关注细节,用心用力;就要把握角色定位,不"抢镜头",不"帮倒忙",尽到分内应负之责;就要注意方法,说真话,报实情,不巧言令色,不阳奉阴违;就要事前摸底调研,事中积极落实,发现问题及时补救,事后认真总结、举一反三;就要表里如一,不说损害领导形象的话,不做影响领导威信的事;就要勇于谏言献策,敢于指出领导不足,帮助领导改进方法、调整思路。敢于提出不同意见,这是对领导更高层次的尊重。

如乘坐电梯或在走廊遇见上级时应主动、大方地向上级打招呼或面带微笑行点头等致意礼。如果碰到解决不了的事,要向上级请教。不论上级领导的年龄、阅历、水平,都应尊重其人格,维护其权威。对于上级的提问要积极热情,有礼有节,不能唯唯诺诺,过分谦恭。切忌背后议论、指责领导,不要当面和领导乱开玩笑,更不能和领导不分彼此。

(四)正确对待批评与提醒

批评是指对错误和缺点提出意见,带有否定性和贬斥性,听起来不像赞扬那样舒服。我们如果没有良好的心理素质,不能正确认识和对待形形色色的批评,就会产生逆反心理,形成不良情绪,出现异常行为或导致人生悲剧。然而忠言逆耳利于行。恰如其分的批评能让我们及时发现问题,悬崖勒马,纠正客观存在的缺点和错误,走向成功。

世人都喜欢赞扬,但我们在学习、工作中因种种原因谁都难免不受批评,这样每个人就要遇到一个不可回避的问题——怎样对待批评?

面对批评,我们应保持良好的心态,世上没有十全十美的人,每个人都是因纠正缺点和错误而变聪明的。人生免不了受批评,受批评后不要垂头丧气,自暴自弃,产生破罐子破摔的思想,也不必怒发冲冠,更不必耿耿于怀,恩将仇报,产生敌对思想,甚至图谋报复,而应该冷静、大度,用谈心、运动等方式宣泄来寻求心理平衡。

对于正确的批评,我们应该持欢迎态度。在日常工作和生活中,喜欢我们的人会经常成为批评者,如老师批评学生,父母批评孩子。别人好心诚恳的正确意见对我们是有益无害的。我们应该接受和感谢。即使是批评严厉,我们也应该虚心接受,对批评方式欠佳不宜斤斤计较,以免伤了感情,正如陈毅元帅所说"难得是诤友,当面敢批评"。如果对方的批评不公正合理,我们就必须要立刻指出此点,不过,要在适当的时间,以适当的方法向适合的对象提出。

我们要提高自身素质,善于接受批评。我们在努力学习的过程中,除了学习知识外,同时还要促进自身素质的提高,以便能善于对待批评。在接受批评后,我们应心悦诚服地接受,分析受批评的原因,寻找对策,积极改正;同时还要正确评价自己,磨炼自己,汲取教训,严以律己,努力进取,完善自己;最后对那些批评错误的人也能理智对待,冷静解释,不大发雷霆,攻击报复,从而做到"有则改之,无则加勉"。

可能我们都会拒绝接受别人不恰当的批评方式及言语,也会有马上自圆其说的念头和反唇相讥的冲动。在这种情况下,你无论如何都要克制,因为反击的表现就是你不接受别人的批评,尽管你也许是无心之失。经常对别人的批评进行直接反驳,你的信誉度会直线地下降,使别人认为你固执己见。对待来自他人的批评,最重要的是判断他人的批评是否对你有价值,不一定所有的批评你都要接受。如果是出于成见的批评、无关紧要的批评、恶意的批评,你根本不用在意;如果是善意的批评、有价值的批评,接受下来又何乐而不为呢?

领导对你的批评是善意的,有参考价值的,你就应该承认,并考虑接纳他的意见,而且要表示出感谢;同时尽可能地按照他的意见进行改正,和他一起找到解决问题的方法,表明你改正错误的决心和勇气。

下级在工作中难免出错或者失误,当领导对下级工作中的失误提出善意的批评时,下级应虚心接受,正确对待,在以后的工作中引起注意,积极改正。同时,下级给上级领导提建议、意见时,也要选择适当的场合、时间,并注意说话的语气、方式、方法。下级与上级领导相处时应注意保持适当的距离,既不可太近,被人认为是"献媚",也不可太远,让领导以为你高傲、自负、冷漠。异性之间更要注意分寸,以免给别人造成误会。

(五)不能越权

在职场中,权力代表着一种威严。上下级之间并不存在不可逾越的鸿沟,只是社会赋予了这两者不同的社会职能而已。下级在工作上要认清自己工作的位置,不能使用超出自己一定范围内的权限,不能越俎代庖。如果下级替代了上级,定会招致上级的不满,还会给工作造成混乱。下级要服从上级领导,要严格按照上级的指示工作,并维护上级的威信。尊重上级,争取上级的帮助和支持,尽可能地帮助上级排忧解难,识大体、顾大局。

喜欢越权的管理者,总是过分欣赏自己的才干,并为越权的结果备感欣慰,认为虽然自己辛苦一些,但事情办得快,办得好,不耽误事。然而,他没有看到越权的危害。越权的危害集中表现在以下几个方面。

(1)妨碍正常的工作秩序。

每一个工作程序都有自己合理的流程和安排,它们有规律地运行,这是一种系统工程。如果管理者对下级的工作横加干预,或有意无意地过问、插手、表态,这就打乱了下级的正常工作秩序,使下级无所适从。

(2)不利于调动下属的积极性。

越权行为从另一方面显示了领导对下级的不信任,使员工形成惰性思维,认为什么事情都有领导出头,按领导的意愿去安排工作的进度。这样,下级就没有什么积极性、主动性、创造性可言了。这既影响下级积极性,同时也影响了人才的锻炼和成长。

(3)不利于团结。

对下越权,使下级有职无权,下级会产生"上级领导对自己不信任,不重用"的疑虑,伤害了下级的自尊心,使其加深了与上级的隔阂;群众也会产生反感的抱怨情绪,不服从管理。如果是下级对上级越权,下级就会有目无尊长、不自量力之嫌。这些都是影响工作和团结的因素。所以说,越权行为是令人反感同时又破坏团结的。

管理者要掌握纠正越权的方法与艺术。一旦发现下级有越权行为,要积极慎重地根据不同情况,采取不同方法加以纠正。

(1)功过分开谈论。

领导对下级的越权行为,不能一概而论。有的下级越权是为了响应上级的号召,这是和他有较强的事业心、责任感,工作有积极性、主动性等优点相联系的。和他越权的行为相比,这种越权的动机是难能可贵的。现代企业中的很多员工,抱着"息事宁人"的处世哲学,得过且过,分内的事都不去干,有何劲头去越权?对于出于有利动机的越权的下级,领导应该先表扬后批评,肯定其有利的一面,同时指出越权的危害,以越权的具体行为,指出不越权而又能把事情办好的方法。这样,下级才能认为领导是公正、体贴、实事求是的,才能在以后的工作中扬长避短。

(2) 维持现状,因势利导。

管理者对下级的越权所产生的不好影响以及可能带来的危害,也要做具体研究。有时,下级越权的行为及其带来的影响可能和主管领导的思路、决策大相径庭,但有的地方可能做得更漂亮,影响甚至超出了自己的决策,这样自然要维持下去。有时下级的越权行为与管理者的正确决策有一定差距,在一定程度上有某些损失,但仍是正面效应,无损大局,这样的情况也要维持现状。在引导过程中,领导者要尊重下级的思想,循循善诱,晓之以理,动之以情,使其向好的方向发展。

(3) 纠正错误,亡羊补牢。

下级越权,有时可能从酝酿的那一刻起,就是错误的思想,以致将要产生或产生了不好的后果。这时,管理者就要根据情况予以补救,"亡羊补牢",力争把损失减少到最低限度,并教育下级其中的利害冲突,避免下次情况的发生。

管理者不要超越自己的权限。这主要指两个方面的权限。第一,不要对不是自己的下级下命令。每个员工都有自己的直接上级,领导者如果不是员工的直接上级,就不应该直接给员工下命令。如果领导者确实需要该员工做一些工作,可以去找他的直接上级,通过直接上级来给他下命令。第二,不要对部门职责以外的事情下命令。每个部门都有自己的工作职责,领导者不应该命令自己的下级去做其他部门职责中的事情。逾越了这个界限,会给公司的整个管理带来混乱,甚至会引发部门与部门之间、下级和上级之间的矛盾冲突。

(六) 要分清场合,注意分寸

在下班后,也许上级喜欢拉着下级聊天,但下级也不要因此就认为在日后见了上级,就可以跟他随意说话、勾肩搭背;就可以私自进入上级的办公室而无所顾忌,随意翻动上级的物品;就可以随便乱动上级使用的办公电脑等。这种做法是不合乎礼仪规范的。在公众场合遇见上级,下级不要表现出特别的热情,礼貌地道声"您好"就可以了,千万不要嘘寒问暖跟着说个没完。

(七) 注意礼貌

见到上级时,下级应该注意调整一下自己的衣冠,以示尊重,并上前打招呼;如果距离远,不便呼叫,可注视之,目光相遇,点头示意就可以,近距离相见则用礼貌用语打招呼。无论在单位内还是单位外,只要有上级在场,离开的时候下级一定要跟上级招呼一下"对不起,我先走一步了"或者和领导说"再见"。向上级汇报工作,需要进入上级的办公室前应敲门,报上名字,直到得到上级的允许,才能进入办公室,绝不允许在没有敲门的情况下进入上级的办公室。下级汇报工作时应该条理清楚、简明扼要,在上级办公室里未经允许不可随意翻阅文件。

(八) 不可轻易越级汇报

下级在工作中遇到问题时,无论工作有多积极、多努力,都不可越过直接领导去请示更高一层的领导,这是初入职场的新职员容易忽视的点。在职场中,下级一定要把尊重他人放在首位。下级遇到问题,首先要向直接领导汇报,除非遇到特殊情况,否则不要轻易越级汇报工作。这样的举动对直接领导来说,是一种不尊重。从高一级领导的角度来看,下级间接传达,高一级领导会觉得直接领导工作有问题,或者让人觉得下级有特别的目的,这样的举动会给职场生活带来许多麻烦。所以,上下级之间一定要学会沟通,懂得尊重,创造一个和谐的工作氛围,这才是提高工作效率的方法。

三、与下级同事交往礼仪

身为上级,对下级说话时,应少打官腔,语言亲切,声音平和,而不是居高临下,动不动就当场呵斥，甚至言语带有侮辱性，这是缺乏修养的表现。即使对方是下级，但在人格上两人是平等的。上级与下级沟通的技巧及沟通原则如下：

（1）统一心态。管理者要以身作则、潜移默化，让团队成员都培养出愿意与人沟通的心态。

（2）统一目标。沟通的目标是提高工作效率，最终达成团队目标。切记不要陷入"通过沟通证明谁更厉害"的怪圈中。

（3）统一语言。如果同一部门存在不同的岗位或工种，为了保证沟通顺畅，一定要多组织基础专业知识普及的活动，让大家说的话相互都能听懂。

（4）统一方法。部门成员统一沟通方法，什么级别的事情口头沟通确认即可，什么事情必须留存邮件或书面单据备查，什么事情必须开会讨论形成结论并形成书面记录。这些方法根据团队文化制订出细则，形成全体成员的习惯。

另外对领导人的要求有以下几点。

（一）提高个人修养

关心下级是领导的职责。你如果是一位好的领导，那么就别让体贴下级成为一句空话，用行动确保每一位下级都拥有良好的工作环境和心情。对于年轻的下级，领导在应在工作上给予其建议和指导，不仅教他们做事，还要教他们做人，耐心回答他们提出的问题，充当一位友善的辅导员；平时多关心下级，当下级精神沮丧时给予他们鼓励，在他们生活上遇到困难时要及时给予帮助。

领导的18个修养建议如下。

1. 有口才

有口才的人不仅懂说话，而且懂得聆听，因为这样才能知道对方的理据和感受，否则就只有自己输出而无所得益。此外，领导说话时要有组织、有条理、分项说明，切忌吞吞吐吐，亦不必赘言。

2. 掌握招揽人才的技巧

识才。先入为主是人的通病，但以第一印象来衡量员工的价值却非常不明智。例如，古时孟尝君三千食客中，冯谖只属于叫人瞧不起的三等食客，但当孟尝君落难之时，肯留下来且帮他东山再起的也正是冯谖。

容才。许多大机构的中层管理人员爱用比自己能力差的下属，以免对自己造成威胁，因此而扼杀了不少人才；不少管理人觉得只有自己最出色，故目中无人；有些公司有不成文的规定，要所有员工不分能力大小一律由低做起。以上种种情况，都很难留住人才。

育才。领导不要迷信自己的才能，应不断寻求训练，增加自己的本钱。同样地，对有潜质的下属应提供发挥机会及加以培训。

3. 自我进修

世界日新月异，领导要紧跟时代步伐，就要不断学习新的知识。

4. 掌握领导的艺术

认定核心目标。首先要认定领导工作的核心目标，然后才按照目标去决定管理方法。

领导要善用魅力。每个领袖都有权力、财力和魅力三种"力"，但最上乘的还是魅力，因为权力、财力都不免会随着时间消逝。懂得领导艺术的人会令追随者从他身上学习。他也能发掘到下属的才华，令团队归心，一起到达核心的目标。

5. 目光远大

领袖只有拥有远大的目光、良好的目标，才能造福社会。

6. 能筹集资源

慈善机构每每靠外力筹集善款，其实只要做好本分工作，自然会有大量回报，如与其每年筹款处理水灾，不如用资源预防水灾，这比处理后事更能获得社会人士的支持。

7. 提高效率

提高效率即以最少的付出获得最大的效果,即一个人做到的事,用多一个人去做便是浪费。此外,选用适合的人才担任适合的工作,才能提高效率。

8. 完善工作系统

好的工作系统能让人不用架床叠屋,绕圈做事,以最有效快捷的办法处理事情。例如,某公司领导在公司每次出现问题时就爱聘请外国专家想办法,其实本地专家处理本地问题可能更见效果。这算是工作系统的反面例子。

9. 培训新秀

首先是训练自己,因为身教比言传更有效,让追随者向自己学习,效果更佳。

10. 处理好公共关系

公共关系许多时候是"口惠而实不至"。例如,你向对方借一批人手做活动,对方即使一口答应,到时也可能一个人也没出现。面对随意出现的险恶扬面,我们还是增强自己的实力比较保险。此外,公共关系需要时间培养,只要自己坚持以诚相待,假以时日,对方也会受到感动。

11. 懂得财务管理

过于迷信金钱,容易引人犯罪。例如,慈善团体宣扬精神其实比筹集资金更加重要。好的意念可以深入民心,反而筹款太多会造成尾大不掉。

12. 懂得成效控制

美国和德国同时向日本输出汽车,美国出口数字不升反跌,而德国却直线上升。原因是美国人不擅于成效控制,不肯像德国人那样顾客至上,将汽车改装以迎合日本人的需要。

13. 有智囊团

成熟的领袖都会利用智囊团。若身边的智囊团素质高,业务便可以蒸蒸日上;但如果智囊团全是草包,即使外团专家有好的意见也不易传到你的耳中。

14. 完善沟通

沟通不应受上下级能力的差别而影响。双方只有放下身份的羁绊,以平等互惠的态度才能达成最有效的沟通。

15. 会谈判

谈判在互惠双赢的条件下才算成功,否则这不是谈判而是侵略。

16. 会逆境处理

人生不如意事十常八九;但成功每每只靠一两件事。所以遇上逆境首先要释放自己,时间是治疗创伤的良药。

17. 激励士气

要懂得运用魅力,激励下属向核心目标出发。

18. 有演讲能力

无论对着多少人讲话,亦只需当作向一人发言。演讲最重要的是找出主题,然后将内容发散。只要演讲经验愈来愈多,公开演讲不用讲词也可以讲得头头是道。

(二)作为上级应言而有信

言而有信,意思是说话靠得住,有信用,出自《论语·学而》第七章"子夏曰:'贤贤易色;事父母,能竭其力;事君,能致其身;与朋友交,言而有信。虽曰未学,吾必谓之学矣'。"从企业推行诚信领导的过程来看,只有领导者展现出诚信的品质或行为,才能够影响和造就一批诚信的下属。身为上级,不宜轻易许诺,要言必信,行必果,努力办到;对有些无法办到的事情,应该对下属说明原委,求得谅解。要知道,上级的工作需要下属的配合。

我们可以发现,树立诚信领导的形象有以下方法。

(1)从生活故事中学习,了解真实的自我。

生活故事是领导者自我认知和信念的来源,它们是当事人对所经历事件的知觉、理解和判断。生活故事蕴含并表现出故事主体的同一性。我们要从生活故事中学习、了解自己的人生体验,了解真实的自我。这就要求领导者勇敢、诚实,以开放的心态探究个人经历,直面自己的弱点。另外,领导者的生活故事为下属评价领导者的真诚提供了直接的线索。

(2)提高道德能力,增强道德韧性。

大多数领导者都有成为诚信道德型领导者的潜能。领导者的道德意识最终将促使诚信行为的出现,道德能力、道德勇气、道德韧性及道德自我效能会增强道德意识与行为之间的联系。领导者通过对组织中领导者的角色以及与其行为相联系的道德责任的讨论和自我反省,或与榜样(包括其他领导者)一起讨论或体验道德两难困境,进行换位思考,从而提高道德能力。道德勇气的发展可以通过道德两难情境中的角色扮演来进行,这种活动可以培养领导者对自己将道德意愿转化为行动的能力的信念;道德韧性则可以通过大量过程导向的方法获得发展。

(3)理解个人的价值观,培养积极的心理资本。

积极的心理资本与积极的组织情境及某种事件相结合能改善领导者的自我认识和自我规定行为。自信、乐观、希望、灵活性等积极的心理资本是诚信领导者的个人资源。最重要的是,领导者要理解并尊重自己的价值观。另外,往往只有在巨大压力前接受考验,建立自己的领导原则的基础上,领导者才会真正理解自己的价值观。

(4)认识个人历史,复制关键事件。

认识一个领导的个人历史,包括家庭影响、角色榜样、早期遇到的生活挑战、教育及工作经验。在此基础上我们可以有针对性地选择关键事件,进行复制和引导,提高领导者的自我认知水平,从而获得对自己核心价值观、身份、感情、动机及目标的清晰一致的认识;同时积极地、持续地以自己的言行为榜样,向下属展现高水平的自我认识、平衡的信息加工能力及诚信行为;创造包容的、公平的、关心人的、重伦理的组织氛围,促进下属的发展,激发下属产生可持续的、不折不扣的高绩效。

(5)创造积极的组织情景。

组织文化的包容性、组织文化的伦理性及积极导向的以优势为基础的组织文化是诚信领导和组织绩效中的中间变量,并能直接影响到领导者和下属的自我认识。因此,我们要努力建设具有包容性、伦理性及积极导向的优势为基础组织文化,为员工创造良好的氛围,使之带来最优的组织绩效。

(三)对于下属请示的问题,要做出明确的答复

当下属请示汇报的工作需要领导做出处理意见时,领导应根据实际情况,不管什么意见,在答复下属时态度一定要明确,不要模棱两可、含糊其辞,这样下属在执行的过程中才不会出现偏差,影响工作的进行。尤其对于一些重要的工作,领导不要推诿责任。

(四)在听取汇报工作时,要让下属广开言路

如果一位领导总是任人唯亲,搞特殊化,对下级有亲疏之分,习惯听那些阿谀奉承之徒的不实之词,并为其所利用,使其他下属不能经常地发表自己的意见,这样会使他们更疏远,从而导致与上级之间缺乏沟通和理解,阻碍工作的顺利进行。因此,领导对给工作提出意见和见解的下属不能存有偏见,尽量广开言路,鼓励他们积极汇报工作实情,这样才会得到自己原本得不到的真实信息。

(五)在听取工作汇报时,要善于控制自己的情绪

上级常常要和各种人打交道,要会处理各种棘手的问题,如果缺乏对情绪的管理和掌控,一旦下属汇报的工作不尽如人意,那么情绪上必然会有强烈反应,以致难以控制,难免会在语言和行为

上失礼。因此,作为一名高管,只有学会克己,面对各种问题时才能保持冷静,妥善处理。

情绪管理就是善于控制自我,善于调节情绪,对生活中矛盾和事件引起的反应能适当排解,能以乐观的态度、幽默的情趣及时地缓解紧张的心理状态。

控制自己的情绪有如下几点注意事项。

（1）注意转移,避免刺激。在我们悲伤、忧愁、愤怒时,我们的大脑皮层常会出现一个强烈的兴奋灶,如果能有意识地调控大脑的兴奋与抑制过程,使兴奋灶转为平和的抑制状态,我们则可能保持心理上的平衡,使自己从消极情绪中解脱出来。例如,当苦闷、烦恼时,我们不要再去想引起苦闷的事,尽量避免烦恼的刺激,有意识地听听音乐、看看电视、翻翻画册、读读小说等,强迫自己转移注意力。这就可把消极情绪转化为积极情绪,淡化乃至忘却烦闷。再如,遇到难解的事,我们先不要想它,可让自己的思维长上翅膀,自由畅想,到幻想世界中去邀游;也可与他人漫无边际地畅谈,免得在难解的事上钻牛角尖,给自己带来无端的烦恼,这样时过境迁,我们往往能心平气和地解决难题,化解矛盾,收到较满意的成效。

（2）理智控制,自我降温。理智控制是指用意志和素养来控制或缓解不良情绪的暴发,自我降温是指努力使激怒的情绪降至平和的抑制状态。就是说,凡是有理智的人都能及时意识到自己情绪的变化,当怒起心头时,马上意识到不对,能迅速冷静下来,主动控制自己的情绪,用理智减少自己的怒气,使情绪保持稳定。林则徐在自己房内挂着"制怒"的条幅,那是为了提醒自己及时控制情绪;俄国著名作家屠格涅夫与人吵架前,先把舌尖在嘴中转十圈,都是这个道理。

（3）宽宏大度,克己让人。"心底无私天地宽","宰相肚里能撑船"。有气度的人,胸襟开阔,奋发进取,具有团队协作精神;而气度小的人,则满腹幽怨,斤斤计较,弄至孤家寡人的地步。生活是丰富多彩的,喜乐悲忧都会有。所以,人人都要注重涵养,消除抑郁寡欢的心境和私心杂念,对易激怒自己的事情,要用旷达乐观、幽默大度的态度去应付,经得起挫折,能克己,不狭隘。这往往可以使一件原本紧张的事情变得比较轻松,使窘迫的场面在幽默笑语中化解。

牢骚太盛防肠断,风物常宜放眼量。心理卫生专家鼓励人们消除消极情绪的困扰,要有正常健康的反应情绪,做到遇到忧愁而能自解,身居逆境而能超脱,这样才能有益于现代人的身心健康。

（4）目标升华法。怒气是一种强大的心理能量,用之不当,伤人害己,使之升华,会变为成就事业的强大动力。我们要培养远大的生活目标,改变以眼前区区小事计较得失的习惯,更多地从大局、从长远去考虑一切。一个人只有确立了远大的人生理想,才能待人以宽容,有较大度量,不会容忍自己的精力被微不足道的小事绊住,而妨碍对理想事业的追求。

（5）评价推迟法。怒气来自对刺激的评价,刺激也许是别人的一个眼神,也许是别人的一句讥讽,甚至可能是对别人的一个误解。这事在当时使你"怒不可遏",可是如果过一个小时、一个星期甚至一个月之后再评论,你或许认为当时对之发怒"不值得"。

（6）合理发泄情绪。电视和电影里常出现这样的镜头:某人因有不良情绪,便跑到旷野、海边、山上无拘无束地喊叫,或者拼命地击打树木,或者狂奔,这就是在合理发泄情绪。合理发泄情绪是指在适当的场合,用适当的方式,来排解心中的不良情绪,发泄可以防止不良情绪对人体的危害。

① 哭——适当地哭一场。从科学的观点看,哭是自我心理保护的一种措施,它可以释放不良情绪产生的能量,调节机体的平衡。哭是解除紧张、烦恼、痛苦的好方法。许多人哭一场过后,痛苦、悲伤的心情就会减少许多。

② 喊——痛快地喊一回。当受到不良情绪困扰时,不妨痛快淋漓地喊一回。通过急促、强烈的、无拘无束的喊叫,将内心的积郁发泄出来,也是一种方法。

③ 诉——向亲朋好友倾诉衷肠。向朋友诉说是一种良好的宣泄方法。把不愉快的事情隐藏在心中,会增加自己的心理负担。找人倾诉烦恼、诉说衷肠,不仅可以使自己的心情舒畅,而且还能得到别人的安慰、开导以及解决问题的方法。请记住培根的名言,把快乐告诉一个朋友,将得到两

个快乐;把忧愁向一个朋友述说,则只剩下半个忧愁。

④ 动——进行剧烈的运动。当一个人情绪低落时,往往不爱动,越不动注意力就越不易转移,情绪就越低落,容易形成恶性循环。因此我们可以通过跑步、打球等体育活动改变不良情绪。

(六)上级同下级说话时,不宜做否定的表态

领导不宜说"你们是怎么搞的?有你们这样做工作的吗?"。领导在评论的时候,应当掌握分寸,领导点个头、摇个头都会被人理解为上级的指示而贯彻下去,所以,轻易的表态或过于绝对的话语都容易导致失误。

案例评析

案例:

小孙是某医科大学的一名学生,再有一年就要毕业了。他报考的是普通护理专业,今年踌躇满志准备进当地某医院做一名护士。上课期间他对于护理方面的知识学习的还不错,但除了护理以外的知识,就有点一知半解了。他心想着反正以后也是做护理,只要护理知识过硬,应该没什么问题。到了医院应聘时,医院给他分配的实习岗位是导诊护士,他一下傻了眼,患者上来问的东西他一概不知,也不知道该引导患者去哪个科室,后来换到分诊护士岗位,由于对简单的诊断不太了解,在这个岗位上有着同样的问题。他懊悔不已,后悔自己没有认真学习相关的知识。

评析:

护士作为医院中基数较大的工作人员,其工作岗位也多种多样,包括普通护理、特需护理、导诊岗、接诊岗、分诊岗等,这就需要后备护理人员提前掌握各种护理知识和简单的诊疗常识,在不同岗位上发挥自己的作用,从而更好地协助患者及时进行治疗,也让医生和患者更好地对接,维持医院的效率与秩序。

实践模拟:

请两位同学模拟导诊护士,请其他学生模拟患者进行询问和求医;之后依照医院常规科室,学生模拟担任不同科室的分诊护士,对患者进行简单诊断,老师进行点评。

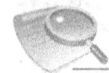

思考与练习

一、名词解释

(急诊患者的)依赖心理　三清一复核

二、选择题

1. 接诊礼仪中(　　)是错误的。
   A. 形象举止规范　　　　　　　　B. 注意穿衣打扮
   C. 主动热情,微笑服务　　　　　D. 及时疏导,全面照顾
2. 关于门诊礼仪,以下(　　)是错误的。
   A. 按照规范注重仪表　　　　　　B. 护送患者进病区
   C. 主动介绍,热情接待　　　　　D. 做好健康知识的宣传
3. 关于导诊护士一般需要完成的工作,下面错误的是(　　)。
   A. 对每位病人进行导向、分诊、护理观察等首诊工作
   B. 对病重虚弱者等特殊患者实施特需(导诊、导检、导药)服务

C. 认真完成导诊工作,遇到突发事件应交由其他人员完成
D. 接受来自各类病人的咨询并认真给予解答和解决

4. 患者接待礼仪不包括( )。
   A. 接待前准备　　B. 迎接患者　　C. 引导患者　　D. 安顿家属

5. 在接待患者家属时,护士应做到的工作不包括( )。
   A. 热情接待家属的探访,做好入院时的宣传教育
   B. 为不影响患者心情,向家属隐瞒患者的病情
   C. 掌握好交谈的艺术和技巧
   D. 虚心听取家属的意见

6. 与上级交往的礼仪,以下错误的是( )。
   A. 尽职敬业　　　　　　　　　　B. 接受任务时要积极热情
   C. 必要的时候可越权　　　　　　D. 尊重领导,不卑不亢

项目七 特殊患者护理礼仪

1. 了解处于不同状况和年龄阶段的患者的心理状态。
2. 掌握对老年患者、患儿和孕产妇的护理礼仪要求和规范。
3. 能完成老年患者的扶助、婴儿搂抱、孕产妇简单护理等护理工作。

 案例导入

患者张某第二天需要做 B 超和 X 线钡餐检查。护士小刘告知患者,第二天不要吃早餐,要准时到 B 超室和 X 线室做检查。患者表示理解。第二天患者先做 X 线钡餐,然后做 B 超,但 B 超医生说患者刚做完钡餐检查,显影剂停留在胃肠道,暂不能做 B 超检查。患者很生气,认为医院有意耽误自己的诊疗时间。

思考与讨论:
(1) 在这种情况下,小刘该如何向患者解释?
(2) 在日常护理中,你认为护理人员应当注意哪些方面来避免上述问题的出现。

点评: 现代医学模式认为,人不仅仅是一个生物体,更重要的是一个具有心理、社会、文化和精神特征的综合体。护理礼仪是护理领域里的重要组成部分,作为一名护理人员,护士在日常工作中要与特殊患者进行有效的沟通,这时懂得规范化的护理礼仪就显得尤为重要。

任务一 对老年患者的护理礼仪

一、老年人的心理与生理特点

根据艾瑞克森的心理发展理论,老年期的主要发展任务是建立完善感。这个时期的老年人机体各个器官逐渐老化,功能下降,许多老年人丧失了健康,丧失了工作、配偶和朋友,容易产生抑郁、悲观以及失落等情绪;并且,老年人在心理上希望受尊重、被重视,因而表现得固执、自怜、坚持己见。总结起来老年人主要有以下一些特点。

1. 认识能力低下

老年人身体机能衰退,大脑功能发生改变,中枢神经系统递质的合成和代谢减弱,导致两个结果的出现:首先是感觉迟钝,听觉、视觉、嗅觉等功能减退,而使听力减退,视力下降,嗅觉灵敏度下降;其次是动作灵活性差,协调性差,反应迟缓,行动笨拙。

2. 孤独和依赖

孤独是指老年人不能适应周围环境,缺少或不能进行有意义的思想和感情交流。孤独心理最易产生忧郁感,长期忧郁就会导致老年人焦虑不安,心神不定。依赖是指老年人做事信心不足,被动顺从,感情脆弱,犹豫不决,畏缩不前等,事事依赖别人去做,行动依靠别人决定。长期的依赖心理,就会导致老年人情绪不稳,感觉退化。

3. 易怒和恐惧

老年人情感不稳定,易伤感,易怒,不仅容易对当前事情发怒,而且容易引发以往情绪压抑的怒火爆发,发火以后又常常感觉到如果按自己以前的性格,是不会对这点小事发火的,从而产生懊悔心理。恐惧也是老年人常见的一种心理状态,表现为害怕,有受惊的感觉,当恐惧感严重时,老年人还会出现血压升高、心悸、呼吸加快、尿频、厌食等症状。

4. 抑郁和焦虑

抑郁是老年人常见的情绪表现,症状是压抑、沮丧、悲观、厌世等,这与老年人脑内生物胺代谢改变有关。长期存在焦虑心理会使老年人变得心胸狭窄、吝啬、固执、急躁,久之会引起神经内分泌失调,导致疾病发生。

5. 睡眠障碍

老年人由于大脑皮质兴奋和抑制能力低下,造成睡眠减少、睡眠浅、多梦、早醒等睡眠障碍。专家提醒,老年人这些心理特点很容易导致老年人易患某些精神障碍性疾病,如抑郁症、神经衰弱等。因此,老年人应该心态平衡,适当进行体育运动,促进身心健康。出现心理问题时,老年人要及时进行心理咨询,寻求心理治疗,以免心理问题加剧,引发严重的心理疾病。

因此,护士与老年患者接触时要仪表大方,言行可亲,态度和蔼,体现出爱心、责任心、同情心,建立护患间信任的关系,对患者一视同仁,尊重服务对象的人格。

二、护理老年患者的礼仪技巧

(一)接待时的礼仪

要维护老年患者的健康,必须使他们与外界环境保持和谐、适应的关系,安静的病室、合适的温湿度、适当的音乐可促进他们与周围环境的和谐。护士见到患者进病区后要起立、微笑,热情地迎接患者,有礼貌地招呼患者,并适当进行搀扶,帮助患者提物品;称呼恰当,如老大爷、老同志、张老等。在患者初次入院时,护士应向患者介绍病区的环境、制度、注意事项等,同时自我介绍以及介绍相关的医务人员和同室的病友,以消除患者的陌生感和恐惧感,减少患者由于疾病而造成的焦虑、孤独、猜疑等心理。

(二)治疗期间的礼仪

医务人员的敬业精神、感人肺腑的语言和热情的态度,可使患者感到自由、平等,不受歧视,被尊重,并产生良好的感觉,促进心境宁静,达到增进身心健康的目的;护士在工作中仪表端庄,言谈举止稳重大方,工作有条不紊,不仅体现了护士特有的气质和风度美,而且可使患者产生依赖感,积极配合治疗和护理,树立战胜疾病的信心。

护士对患者进行各种护理前要解释,操作中要指导,操作后要嘱咐;在对老年患者问话、答话和解释问题时,应注意语气要耐心亲切、语速要放慢、吐字要清晰、音量要大些,同时配合肢体语言,使老年患者真

图 7-1 重视老年患者

正理解并感受到被重视,如图 7-1 所示;对他们在配合诊断、治疗、护理方面的每一点努力与进步都要予以肯定和表扬,这样可以贴近老年患者,增加其信任度。对老年患者的治疗过程还包括诚恳的倾听,诚恳的倾听可以鼓励老年患者,取得其信任,引导患者宣泄情感,打开老年患者紧闭的内心世界,真正了解老年患者的健康问题,提供有针对性的护理。

一些老年患者因为身体差,住院时间长,疾病久治难愈,会失去治疗的信心。在这种情况下,护士必须用温暖和动情的语言及行为安慰、开导患者,增强患者的治疗信心。例如,对长期卧床的老年患者,要重视其精神状态,防止"闷坐症候群"的产生。因为忧郁、闷坐,老人的活动范围会逐渐缩小,生活意念下降,卧床时间逐渐增多,久而久之将导致卧床不起。护士通过心理护理、美感护理唤起老人对生活的兴趣,帮助老人找到可以交谈的知心朋友,享受互相倾谈家事、互相赞美人生的乐趣。心境不老的美感体验,使老年人充分体会到自我存在的价值,增强独立生活的能力,能为社会和家庭做出贡献。护士应集中精力从患者语言表达中捕捉到患者的生理、心理变化,注意对方说话的主题,耐心倾听,不能打断患者的话,不能有不耐烦、厌恶的情绪,听完后,用适当的语言表达自己的同情和分享患者的快乐。

(三)出院时的护理礼仪

老年患者需要出院时,护士应耐心、细心地告诉患者出院后的注意事项以及日常生活的健康保健知识,以帮助老年患者最大限度地恢复健康,并引导其树立积极向上的生活态度,具体应遵循如下出院护理程序:

(1)管床医生开出院医嘱,办公室护士及时将出院医嘱处理完毕;
(2)交代病人或家属正确办理出院手续的方法;
(3)病人或病人家属核对账单,核对无误后签字确认;
(4)主管护士根据病情进行书面及口头出院指导(饮食、起居、活动以及用药情况、复诊时间等);
(5)发放护理关爱卡,出院 15 天内责任护士电话随访;
(6)病人结账后,取门诊病历、出院小结和出院带药;
(7)协助病人整理物品,清点医院用物,对行动不便者,安排轮椅或推车送病人至电梯口,并事先通知电梯管理值班人员;
(8)办理出院手续当日,办公室护士撤销各项治疗卡;
(9)按消毒规范及时消毒床单备用。

任务二 对患儿的护理礼仪

知识拓展

要尊重儿童,不要急于对他做出好的或坏的评判。

——卢梭

在我国当前现实生活中儿童大都是独生子女,一旦生病,父母格外紧张、焦虑。他们大都对儿童过分照顾,夸大儿童病情,对医护人员提出过高要求。所以护士对患儿的心理护理,实际上在很大程度上是对家属的心理支持。家属的心理状态对儿童病人有着直接影响。例如,父母对护士的不满意可以变成患儿对护士的愤怒;父母的倾向性可以变为儿童的倾向性,如要某阿姨喂饭、不要某阿姨打针等往往正是这样形成的。

儿童病人的突出特点是年龄小,对疾病缺乏深刻认识,心理活动多随活动情境而迅速变化。因为他们注意力转移较快,情感表露又比较直率、外露和单纯,只要依据其心理活动特点进行护理,就易于引导他们适应新的环境。

由于儿童病人病情急、变化快,又不善于表达,这就要求儿科护士要有高度的责任感,机智灵敏,善于从细微变化中发现问题,采取措施,防止事故的突然发生。儿科护士对儿童要多加鼓励,不要训斥,保护儿童的自尊心,要成为儿童的贴心人。病房应有玩具,护士要带领儿童游戏玩耍。有的国家提倡儿科护士不穿白大衣,穿一些带小花的衣服,以消除儿童病人的恐惧感,博得他们的喜爱。给儿童打针治疗时要利用儿童注意力易被转移及喜欢表扬鼓励等特点,尽量减轻他们的疼痛感。儿科护士应有一颗慈母般的心,温暖、体贴、爱护受创伤的幼小心灵。某医院儿科病房里曾发生这样一件事。一天,一个8岁的白血病女患儿离开病房不见了,护士找到她后问她到哪里去了,她说:"阿姨,我去看太平间在哪儿,看我死了放的地方。"这句催人泪下的话,说明不能把儿童看成一张白纸,他们也有自我意识和丰富的情感。另外,对于致残儿童,护士要倍加爱护。他们往往悲伤、恐惧、啼哭或夜里突然惊醒等,护士应经常巡视,给他们讲热爱生活的小故事,讲身残志坚的榜样,以调动他们的积极性。

因病情需要而必须住院的患儿,最好允许母亲陪护,尤其对乳婴更应这样做。因为他们身患疾病,蒙受着生理的痛苦与折磨,正是需要依恋和支持的时候,突然连亲人也看不到了,他们幼小的心灵容易留下创伤。根据儿童心理学研究,乳儿从6个月到1周岁是建立"母子联结"的关键期,促进儿童心理发展的重要因素之一是母爱。孩子离开妈妈,大都恐惧、焦虑和不安,经常哭闹、拒食及不服药。心理学家认为,人体间的接触和抚摸是婴儿天生的需求,有人把这种需求称为"皮肤饥饿"。儿童的皮肤饥饿现象,在家庭中可用父母的搂抱等方式满足。在医院里,护士对他们轻拍、抚摸及搂抱,可使其大脑的兴奋和抑制变得自然协调,产生如在母亲怀中的安全感。

不同年龄的儿童个性差异极大,其心理特点也很不相同。因此,对他们的心理状态护士只能从其言语和非言语行为(表情、目光、体态等)中仔细体会理解。所以,懂得儿童心理学,应成为考核儿科护士素质的重要内容。儿童处于生长发育的动态变化阶段,是人体结构组织、功能和心理逐步成熟、健全的人生幼稚阶段。患儿具有身体发育不全、缺乏很强的思维和语言表达能力、疾病变化快等特点,决定了其护理礼仪的特殊性。护士要根据儿童的不同年龄特点采取不同的护理礼仪。

一、婴儿期(0~18个月)

婴儿期是婴儿出生后生长发育最迅速的时期。在这个阶段,婴儿不仅身体迅速长大,体重迅速增加,而且脑和神经系统也迅速发育。在此基础上,婴儿的心理也在外界环境刺激的影响下发生了巨大的变化。他们从吃奶过渡到断奶,学会了人类独特的饮食方式;从躺卧状态、不能自由行动发展到能够随意运用自己的双手去接触、摆弄物体和用两腿站立,并学习独立行走;从完全不懂语言、不会说话过渡到能运用语言进行最简单的交际等。这一切都标志着婴儿从一个自然的、生物的个体向社会的实体迈出了第一步。他们在遗传的生物性的基础上形成着社会化的人性——社会性,逐渐适应着人类的社会生活。

婴儿知觉的发展表现为各种分析器的协调活动,共同参加对复合刺激的分析和综合。它是对来自周围环境的信息的察觉、组织、综合及解释。

1. 跨感觉通道的知觉

跨感觉通道的知觉是指婴儿将从不同感觉通道获得的信息整合起来的知觉的能力,它是多种感觉形式协同活动而产生的知觉。它最明显的表现形式是手眼协调和视听协调。

2. 模式知觉

模式知觉是指婴儿在感知一个图形时,不仅感知到它的各个组成部分,而且能将这些部分感知为一个有机的整体(如人脸图案)。这种知觉能力是通过"视觉偏爱程序"(范兹设计的研究)揭示的。研究表明新生儿具有先天的知觉模式。

3. 深度知觉

吉布森运用"视觉悬崖装置"研究婴儿的深度知觉。从六个多月开始,婴儿就具有深度知觉。后来的研究进一步表明,两个月的婴儿也对深度不同的刺激有不同的反应(如心率变化)。这说明婴儿的深度知觉不太可能是后天经验的产物。

婴儿具有一定的先天知觉能力,其发展和完善很大程度上还需后天经验的作用。有学者认为,知觉发展在婴儿期业已完成,并认为婴儿知觉发展的关键期在出生以后的头三年。在知觉发展的关键期中,经验因素与成熟因素之间相互作用,共同促进知觉的发展和完善。

婴儿来到一个陌生的环境,无助感最强,必须依赖他人满足自己的需要,此阶段的发展任务是与照顾者建立信任感,因此,护士除满足其食物和卫生等生理需要外,还应提供安全感和抚爱。例如,护士经常抱起和抚摸婴儿(见图7-2),与之轻柔地交谈,提供各种视觉刺激;在患儿经历痛苦的治疗和护理过程中,应尽量减轻其疼痛,此过程结束后继续给予抚慰;同时应减轻父母的焦虑,鼓励和指导家长参与护理婴儿的活动,促进母婴的情感沟通。

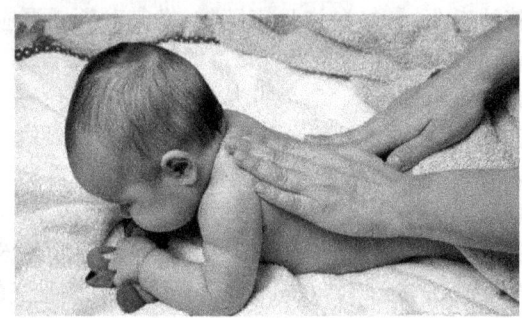

图7-2 抚摸婴儿

二、幼儿期(18个月至3岁)

幼儿期儿童生长速度减慢,智能发育加速,活动范围增大,接触社会事物增多。语言、思维和社交能力有明显发展。由于缺乏对危险事物的识别能力和自我保护能力,儿童易受到意外伤害,此时期保健重点在于培养其良好的饮食卫生习惯,保证营养和辅食添加,预防传染病和意外事故。

在幼儿期,个体的生理不断地发展、变化,身高、体重在增长,身体各部分的比例逐渐接近于成人,肌肉、骨骼越来越结实有力;更主要的是神经系统特别是大脑皮层的结构和功能不断发展和成熟。这时皮层细胞的纤维继续增长,分枝增多,并不断地髓鞘化;皮层细胞之间的联系增多,分析、综合活动日益完善,皮层各叶相继成熟,皮层抑制功能迅速发展。这些为幼儿的心理发展提供了条件。

儿童体格生长速度减慢但仍稳定增长。幼儿期儿童从会走、会跳、会跑开始,接触外界环境相对增多,神经心理发展迅速,语言、记忆及思维想象力、精细运动等发展增快,对外界环境产生好奇心,好模仿;随着年龄的增长,与周围交往增多,对客观事物的认识与情感多样化,易产生同情感、荣誉感、信任感,在正确引导下,可逐步区别好与坏、喜欢与不喜欢。

幼儿期儿童的记忆能力有显著提高。幼儿记忆发展的特点有以下几点。

1. 以无意识记忆为主,有意识记忆发展较迅速

幼儿期儿童无意识记忆占主导地位,有意识记忆较为薄弱;无意识记忆和有意识记忆都随年龄增长而增长;有意识记忆发展的速度快于无意识记忆发展的速度。

2. 形象记忆为主，词语记忆逐渐发展

幼儿期形象记忆占主导地位，词语记忆薄弱，这两种记忆能力都随年龄的增长而提高。词语记忆的发展速度快于形象记忆。

3. 机械记忆和意义记忆同时发展并相互作用

幼儿容易采用机械记忆的方法，意义记忆具有明显的优越性，这两种记忆均随年龄的增长而增长。两种记忆相互联系。幼儿期的孩子开始学习吃饭、穿衣及大小便等基本的自理活动，通过爬、走、跳等动作来探索外部世界，并开始察觉到自己的行为影响到周围环境及他人，从而形成独立自主感。所以照顾者应多给孩子提供自己做决定的机会，并对其能力表示赞赏。护士对患儿进行护理时，应与其建立相互信任的护患关系，用赞美性的语言鼓励患儿勇敢克服困难，战胜疾病。

三、学龄前期（3~6岁）

此时幼儿体格发育处于稳步增长状态，智能发育较幼儿期更加迅速，与同龄儿童和社会事物有了广泛的接触，知识面得以扩大，自理能力和初步社交能力能够得到锻炼。

1. 学龄前儿童生长变化速度惊人

在这个短暂的时期里，儿童学习语言，产生自我意识和在特殊文化背景下的环境意识。这一时期儿童的生长发育是有规律、有顺序的。例如，在学走之前必须先学站，学会使用简单词汇之后才能学会使用复杂句子。但是，由于环境与文化的影响，学龄前儿童发展变化的具体时间又是不同的。

营养不良会阻碍身体的发育，缺乏与外界交往会推迟语言的发展。人们在亚洲的南亚、中亚、东南亚和非洲等地经过研究也发现，经济条件同样优越的不同种族儿童相比较，他们的生理发育差异并不大。疾病、营养不良等所引起的虚弱、倦怠、冷漠等状态对儿童的成长发展起着危害作用。

2. 学龄前儿童的认知能力有了全面的发展

由于儿童不仅个性有别，所处的文化环境也各不相同，这方面的跨文化研究还有待深入。斯洛宾曾对英国、芬兰等国儿童的语言发展做了研究，他指出各种文化环境下的儿童大约都是在开始走路的同时开始说话，3岁时已掌握了1000个词汇，具备了正确使用语法结构的基本能力。儿童心理学家埃里克森用"羞涩和疑惑对自由和自主"刻画学前儿童的性格。他坚持认为，学前儿童的性格特征是高度的自信和自负。根据埃里克森的理论，4~5岁的儿童进入了所谓的"懈怠对创造"的第三发展阶段，这是他们独立行动和走向家庭以外的世界的时期。弗洛伊德把学龄前儿童划分为"肛门期"（约18个月至3岁）和"生殖器阶段"（3~7岁）两个心理发展时期。这两个阶段都具有很多情感冲突的可能。弗洛伊德的理论强调，这些冲突如果得不到满意的解决，将造成儿童的人格障碍，降低他们情感上的正常发展能力。在认知发展研究上，皮亚杰的成果引人注目。皮亚杰认为，儿童在成长过程中要经过许多认知发展阶段，他们的思维方式与成人不同。学龄前儿童处于前运算时期，往往凭知觉认识事物，而不是靠思维，还不能够进行逆向思维。

3. 学龄前儿童的社交能力也有了一定的发展

学龄前儿童有一个共同的特点：只要有可能，便成天玩耍。虽然不同文化背景下儿童玩耍的方式不同，但他们在玩耍过程中均体现了对周围成人活动的模仿，而且这些活动能为孩子提供许多与人和物相互作用的机会。儿童在2岁时家庭以外的社交因子刚刚形成，这个时期的孩子，独来独往，自得其乐，还缺乏与他人平等交往的技巧，总是抢先占取他们想要的东西。3岁时儿童开始结交朋友，开始获得起码的社交能力。他们喜欢讨大人欢心，对成年人在社交行为方面的适当指教往往能做出正面反应。4岁的儿童乐意与其他孩子一起玩，玩得很亲密、愉快，富有创造力并相互影响。

4. 学龄前儿童的心理护理

在学龄前儿童的心理护理上应注意其心理特征。此时的儿童抽象思维已经产生,能够对抽象的数的概念有所认识;创造想象也已出现,个别儿童还能画出很新颖的画面,编出有情趣的小故事。因此,家庭生活环境和社会生活环境都要给儿童创造一个良好的氛围,要让儿童从日常的生活中,感受真、善、美的陶冶,通过耳濡目染,培养儿童良好的品质,使其心理在一种健康、向上、友爱的环境中得到发展。

在心理护理上,护理人员要十分注意方法,对儿童切忌采用粗暴、简单的训斥,这样容易使儿童产生自卑心理;也不能采用迁就、纵容的方法,这样就会使儿童产生不辨是非、自以为是的心理。护理人员应采用正面引导、循循善诱的方法,如通过劳动培养儿童勤劳、助人为乐的品德,让孩子在心理上感受到劳动后的愉快及帮助他人后的快乐。在儿童的心理护理上护理人员还应注意顺其自然,要和儿童教育、儿童保健紧密地结合起来,如果护理得当,可使儿童教育达到事半功倍的效果。随着年龄的增长,儿童的活动和语言能力增强,对周围世界充满好奇和探索的欲望,喜欢各种智力和体力活动,喜欢问问题,爱表现自己。所以,护理人员应鼓励和表扬儿童有益的主动行为,重视游戏的重要性。护士与患儿接触时应为患儿提供和创造新活动的机会,包括允许儿童使用无伤害的玩具或医疗用品做游戏,如用听诊器等给布娃娃检查身体,通过画画表达心情,接受儿童的合理要求,倾听其感受,并耐心回答他们提出的问题。

四、学龄期(6~12岁)

本阶段幼儿体格仍稳步增长,除生殖系统外其他器官的发育到本阶段结束已接近成人水平。大脑的形态已基本与成人相同,智能发育较以前更成熟,控制、理解、分析、综合能力增强,是接受教育的重要时期。

学龄期是儿童养成有规律的社会行为的最佳时期。他们的主要精力集中于学习文化知识和各种技能,学习与同伴合作、竞争和遵守规则上。儿童在学业上的成功得到老师、家长和同学的鼓励和赞赏,会强化儿童的勤奋感,使其形成勤奋进取的性格,敢于面对困难及挑战。

本阶段幼儿的脑的形态结构发育基本完成,智能发育进展较快,淋巴系统在此时发育加速,乳牙已更换,并长出除智齿外的全部恒牙。保健的重点为以下几点。

(1) 注意坐、立的姿势,保证足够的营养,加强体育锻炼。

(2) 安排适宜的作息时间,避免学习困难及异常心理。

(3) 防治龋齿,保护视力,防治扁桃腺病灶。

(4) 在学校及家庭的配合下,为学好科学文化知识打好基础。

在患儿就医期间,护士应用语言与其进行沟通,适当地解释住院和诊治的原因,争取患儿的信任和配合,同时可允许患儿帮助准备或整理用物;如静脉输液前,可让患儿帮助撕胶布,使患儿主动参与治疗护理工作,体验到成就感。

儿童的特点是好动,模仿能力强,有强烈的好奇心等,所以儿科护士对待儿童要细致、耐心,讲究方法;跟儿童说话要友好、和蔼可亲,语调婉转;多表扬、鼓励儿童,少用命令式语言;儿童不配合时可用一些小玩具等东西转移其注意力;可以多与其交流,增加患儿对自己的信任,制造轻松的气氛,减少患儿对医院的恐惧,如"小朋友,阿姨知道你一定很勇敢,阿姨会轻轻地打针,很快就会好了""真听话,吃了药病好了,就可以跟其他小朋友一起玩了"。

病痛及远离亲人,使住院的婴幼儿迫切需要感情上的安慰和躯体上的爱抚。护理人员应当尝试给予其必要的爱抚和情感补偿,满足住院患儿的情绪需求,缓解其焦虑,如多抚摸、搂抱患儿,与患儿保持较为亲近的护患关系等。

任务三 对孕产妇的护理礼仪

妊娠对女性而言，是一生中一件独特的事情，是一种挑战，是家庭生活的转折点，因此会伴随不同程度的压力和焦虑。孕妇因入院检查及分娩进入陌生环境，对自己能否正常分娩心中无底，提心吊胆，甚至受其他孕妇的分娩影响，而导致精神紧张，产生恐惧、焦虑等情绪。因此，产科护理人员应注重护理礼仪的服务细节，创造一个安静、舒适的住院环境。

一、对新入院孕妇的护理礼仪

生宝宝对孕妇和家属来说是很重要的大事，护士应该注意增强服务意识，适时地安抚家属，应在语言和举止上表现出对孕妇的关怀和重视，适时地问一下孕妇的感觉，可以使用恰当的肢体语言安抚、关怀孕妇（比如来到病室轻扶其入座，在产房为其擦汗或适时握住孕妇的手）。有机会的话护士可以帮助孕妇及其家人参加各种类型的有关分娩的讲课，提供育儿常识，多与孕妇交流也能给予其关怀，得到其信任与尊重，不可对孕妇的提问不予理睬，轻视未婚或超生母亲。

产科护理人员在接待每一名新入院孕妇时，应用规范化的语言进行介绍；在称呼患者上，选择一个既符合患者身份又表达出对患者尊敬的称呼；在与患者沟通时，要注意多重复、多微笑。

（1）孕妇入院后应热情接待，为其介绍病房环境、住院规章制度及安全防范知识，介绍责任医师及护士，帮助其尽快适应环境，并通知医师。

（2）填写入院病历，测体温、脉搏、呼吸、血压及体重并记录。体温 37.5℃以上者，降至正常后连测 3 次。

（3）对尚未临产者，护送其至病房床前，交于责任护士，采集护理资料，做好入院评估，实施护理措施。对临产者，护送其至待产室待产。

（4）协助孕妇更换衣裤，做好健康教育，严密观察临产的症状。指导孕妇饮食和休息时取左侧卧位。

（5）教会孕妇自我监测胎动，每日听胎心 6~7 次。出现异常，及时通知医师。

（6）关心、体贴孕妇，执行保护性医疗，做好母乳喂养宣教工作。

二、对产前孕妇的护理礼仪

对孕妇要真诚、体贴入微。在孕妇进食时，避免此时进行注射、备皮、导尿、清拭会阴等各种操作。要向孕妇讲清情绪对分娩过程的影响，并耐心、反复地加以说明和解释孕妇提出的问题，鼓励孕妇消除紧张与焦虑的心情，树立信心，顺利分娩。产科患者往往敏感、多疑，可能护士一点不经意的忽视，就带给她们很大的伤害，因此，护士要通过运用恰当的形体语言，使患者消除顾虑情绪，增加信任感。在产科护理工作中，护士受到委屈和伤害时，要多站在患者的角度来考虑问题。

对于孕妇来说，顺利分娩一个健康聪明的宝宝至关重要，这就要求产科的医务人员为孕妇提供高质量、高水平、全方位的医护服务，针对孕妇的心理状态，采取相应的护理对策，使之心情愉悦地配合生产，顺利度过分娩期。孕妇常见的心理问题有以下四种。

（1）担心婴儿存在生理缺陷；

（2）担心医疗安全；

（3）对住院环境有陌生感；

（4）怕婴儿性别不符合期望。

针对孕妇不同的心理反应，护理人员应做出不同的护理方案。孕妇焦虑、恐惧心理来源于多方面,如怕痛、怕孩子有畸形、怕生女孩、怕手术等。针对这种情况,护理人员应耐心向她们解释,加强她们的心理护理和生活护理,消除其对分娩的恐惧和紧张心理,注意饮食和休息,并对其进行无痛分娩教育,使她们树立对分娩的信心和决心,对分娩过程有一定的安全感。孕妇面临人生关头的抉择,心理状态是复杂的,顾虑也是多种多样的,总之情绪非常紧张,心理变化复杂。因此,护理人员要把心理护理放在首位,正确对待孕妇,并将心比心地去理解她、关心她、安慰她、帮助她,使孕妇的生理、心理都处于最佳状态。心理护理中的一个重要环节是护理人员努力钻研业务技术,不断提高护理水平,并及时对孕妇介绍产前护理知识,尽快使她们消除对陌生环境的恐惧情绪。护理人员通过自己的一言一行,取得孕妇及其家属的配合,解除来自各个方面的压力,取得最佳护理效果。心理护理要因人而异,只有这样才能使护理人员逐渐掌握孕妇心理。心理因素既是致病的原因,也是治病的条件,并可提供防病的依据。护理人员应努力做好孕妇产前的心理护理,以帮助孕妇顺利度过分娩期。

孕妇住院后非常关心自己主管医生的技术水平、工作态度及分娩时存在的危险因素。护理人员应给孕妇介绍主管医师,详细讲解分娩过程及注意事项,消除孕妇紧张心情,实行陪伴分娩,允许孕妇的亲人陪伴分娩或医护人员全程导乐服务;同时加强对孕妇产程的观察,及时采取医疗措施,在医疗安全的前提下减轻产妇的身心痛苦。

多数孕妇对住院环境都感到十分陌生,心理上产生严重的焦虑感。护理人员应态度和蔼,关心体贴孕妇,及时处理孕妇的不适,介绍入院须知、病区结构、卫生状况、室内设置与功能、物品的放置,保持病室整洁美观、安静,保证孕妇有良好的休息,以便养精蓄锐,顺利分娩。

有的家庭,特别是农村家庭,二胎分娩特别希望是男孩,这无疑给孕妇造成巨大的精神负担。护理人员应做好家属的思想工作,宣传男女都一样,只要孩子健康、聪明,女孩同样是国家的栋梁,让孕妇放下思想包袱。

综上所述,由于人生经历、文化水平、物质条件的千差万别,临产孕妇的心理状况也不尽相同。这就要求护理人员不断完善自我,掌握各种产科知识,针对不同的护理问题,细致引导,耐心解答,让孕妇心理平衡,为顺利度过分娩期而做好完善的生理、心理准备。

三、对产妇的护理礼仪

产后护理是指针对分娩女性所做的护理工作,产后这段时期也叫产褥期。该护理工作因各地民情、经济等因素不同而有所不同。例如,中国或越南等亚洲国家即将此称为坐月子的产后护理工作,该工作过程有相当多类型的护理禁忌等。不过即使在欧美国家,产后护理亦日渐受重视,如防治产后忧郁症已被视为产后护理的新目标之一。

产妇因担心孩子,大多有不同程度的产后抑郁症状或者情绪过激情况,在心理、社会或生理等多方面因素作用下产生情感性精神障碍,表现为喜悦、紧张、沮丧、焦虑、缺乏信心、情绪不稳、恐惧、处事能力下降,期待履行母亲职责,缺乏自由感,有的感觉室内憋闷、压抑等。此时护理人员一定要充分取得患者的信任,主动和患者进行交流,关心、同情、安慰患者。同时,护理人员应多同患者家属会面、交谈,及时从他们那里获取产妇护理需求及意见,根据产妇的实际情况,想方设法创造条件,尽量满足患者,同时告知产妇一些必要的产后禁忌,帮助产妇尽快恢复。

产后禁忌有以下几点。

1. 忌不刷牙

很多老一辈人都说坐月子一个月不要刷牙,不然以后牙齿会掉光,产妇生产后一个月内,身体机能各方面尚未恢复,不食冷冻的东西,否则容易落下病根。但是,如果月子期间产妇不对口腔进行有效清洁,容易导致妊娠性牙龈炎和牙周病等问题,因此产妇是有必要刷牙的。

2. 忌劳累

产妇生产时,可能造成会阴撕裂伤,而最佳的恢复方法就是两腿并拢,多多休息。现代医师在生产时也会先帮新妈妈剪开会阴,之后再进行缝合处理,所以新妈妈也应该坐月子。虽然坐月子不代表完全躺在床上不动,但产妇还是应该尽可能地休息,不要爬楼梯,不可过度劳累。

3. 忌多吃味精

为了婴儿不出现缺锌症状,产妇应忌吃过量味精。一般而言,成人吃味精是有益无害的,而婴儿,特别是12周内的婴儿,如果哺乳期间的妈妈在摄入高蛋白饮食的同时,又食用过量味精,则对婴儿不利。因为味精内的谷氨酸钠会通过乳汁进入婴儿体内。过量的谷氨酸钠对婴儿,尤其是12周内的婴儿发育有严重影响,它能与婴儿血液中的锌发生特异性的结合,生成不能被机体吸收的谷氨酸,而锌却随尿排出,从而导致婴儿锌的缺乏。这样,婴儿不仅易出现味觉差、厌食,而且还可造成智力减退、生长发育迟缓等不良后果。

4. 忌急于服用人参

急于用人参补身子对产妇是有害无益的。刚生完孩子的新妈妈,精力和体力消耗很大,十分需要卧床休息,如果此时服用人参,产妇反而因兴奋难以安睡,影响精力的恢复。

5. 忌过多吃鸡蛋

医学研究表明,分娩后数小时内,最好不要吃鸡蛋。因为在分娩过程中,产妇体力消耗大,出汗多,体液不足,消化能力也随之下降,若分娩后立即吃鸡蛋,就难以消化,增加胃肠负担,甚至容易引起胃病。

6. 忌多吃红糖

红糖营养丰富,释放能量快,具有温补性质。但是,产妇切不可因红糖有如此多的益处,就一味多吃,认为越多越好。因为过多饮用红糖水,不仅会损坏新妈妈的牙齿,而且红糖性温,如果新妈妈在夏季喝了过多的红糖水,必定加速出汗,使身体更加虚弱,甚至中暑。此外,产妇喝红糖水时应煮开后饮用,不要用开水一冲即用,因为红糖在贮藏、运输等过程中,容易产生细菌,有可能引发疾病。

7. 忌坚硬、粗糙及生冷食物

新妈妈脾胃功能尚未完全恢复,过于寒凉的食物会损伤脾胃,影响消化,且生冷之物易致瘀血滞留,可引起新妈妈腹痛、产后恶露不绝等。另外,产妇最好不要吃容易引起过敏的食物,如海鲜等,否则容易引起细菌感染,会直接影响到喂食母乳的宝宝的健康。

8. 忌喝大量白开水

一般产妇在怀孕末期通常都会有水肿现象,而产后坐月子正是身体恢复的黄金时期,这段时间要让身体积聚的所有水分尽量排出,如果又喝进许多水,将可能不利于身体恢复。如果剖宫产的妈妈可能需要服一些药物,则仍须饮用适量的水,但不要一次饮用大量的水,而应该分次适量喝。

9. 忌食辛辣燥热之物

产后新妈妈大量失血、出汗加之组织液也较多地进入血循环,故机体阴津明显不足,而辛辣燥热食物均会伤津耗液,使新妈妈上火,口舌生疮,大便秘结或痔疮发作,而且会通过乳汁使婴儿内热加重。因此新妈妈忌食韭菜、葱、大蒜、辣椒、胡椒、小茴香、酒等。

10. 忌哭泣

传统长辈总奉劝产妇坐月子时不能看电视、哭泣,乍听之下虽有些匪夷所思,不过若以保护母体为出发点,就不难理解了。母亲产后因荷尔蒙急剧下降、伤口还未复原、哺喂母乳遭遇挫折、身材改变、不知如何照顾新生儿等因素,容易感到忧郁而哭泣,特别是新手母亲反应会更明显。中医认为肝开窍于目,为精血所养,产后气血耗损又再哭泣会更伤精血,可能造成眼睛的伤害,而且哭泣代表心情不好,即怒伤肝,怕会影响体内肝血,因此希望产妇尽量不要哭泣,好好地休养,而先生及其他家人也要多多给予产妇支持,帮助她渡过这个难关。

知识拓展

病情复杂时治疗性的语言能起到心理治疗作用,护理人员可以针对患者的思想顾虑一一进行化解。治疗性的语言包括以下四种:

(1)开导性语言,如对心肌炎患者说"您的心律失常问题通过医护人员的治疗、护理及您的合作能够很快得到控制"。

(2)暗示性语言,如对肺癌患者说"您每天抽一包烟会危害您的身体健康"。

(3)解释性语言,如对胃病患者说"您的手术病理报告证实未发现癌细胞"。

(4)保护性语言,如对截瘫患者说"您的身体状况通过医护人员的治疗、护理正逐渐好转"。

 **案例评析**

案例:

小张和小王是本地某疗养院的两名护士,之前主要在本地某医院的普通护理科工作,经验丰富,这次来疗养院,他们专职负责对老年患者的护理工作。小张护理的是李大爷,小王护理的是周大爷。两位老人都是因为下肢行动不便进入疗养院,身体状况也类似。经过一个月的护理,李大爷的病情逐渐好转,再过几天就能出院了,他准备约周大爷一起出院。令人意外的是,周大爷的病情非但没有缓解,情绪也越来越差。原来小王之前在医院从来没有护理过老人,他还是利用之前护理其他患者的手法进行护理,结果在照顾老人日常生活起居上,老人总是与他意见不合,严重影响老人心情,也不利于老人的康复。

评析:

特殊病患具有其自身的特殊性,护士在尽心护理时应当考虑到其特定的需求。规范化的护理礼仪针对普通患者能起作用,但对于老年患者、患儿、孕产妇而言,他们可能有诸如行动不便、需要家人关怀、有特殊的需求等不同于一般患者的要求,护理人员应及时与相应患者及其家属进行沟通,了解其特定需求,灵活改变其护理礼仪规范,以人为本,做到尽心护理,科学护理,灵活护理。

实践模拟:

请几位同学模拟老人、患儿、孕产妇等特殊患者,老师进行护理示范,随后同学模拟护理上述患者,其他同学指出错误并进行修正,最后请老师点评。

 **思考与练习**

一、名词解释

模式知觉　坐月子

二、选择题

1.老年患者的心理特点不包括(　　)。

　　A.认识能力低下　　B.独来独往　　C.易怒和恐惧　　D.抑郁和焦虑

2.以下(　　)不属于老年患者出院时护理人员应当完成的步骤。

　　A.办公室护士开出出院医嘱,管床医生及时将出院医嘱处理完毕

　　B.交代病人或家属正确办理出院手续的方法

C. 病人或病人家属核对账单,核对无误后签字确认
D. 主管护士根据病情进行书面及口头出院指导(饮食、起居、活动、功能锻炼以及用药情况、复诊时间等)

3. 下列说法不正确的是( )。
   A. 婴儿必须依赖他人满足自己的需要,因此护士对婴儿患者进行护理时,除满足其食物和卫生等生理需要外,还应提供安全感和抚爱
   B. 护士对幼儿患者进行护理时,应与其建立相互信任的护患关系,用刺激性的语言要求患儿勇敢克服困难,战胜疾病
   C. 护理学龄前患儿时,既要切忌采用粗暴简单的训斥,也不能采用迁就、纵容的方法,应当采用正面引导、循循善诱的方法
   D. 对学龄期患儿而言,护士在护理时要做到跟患儿说话要友好,和蔼可亲,语调婉转;多表扬、鼓励,少用命令式语言;患儿不配合时可用一些小玩具等东西转移其注意力,增加患儿对自己的信任,减少患儿对医院的恐惧

4. 产科护理人员在接待新入院产妇时,以下( )是错误的。
   A. 孕妇入院后应热情接待,介绍病房环境、住院规章制度及安全防范知识,介绍负责医师及护士,帮助孕妇尽快适应环境,并通知医师
   B. 填写入院病历,测体温、脉搏、呼吸、血压及体重并记录。体温37.5℃以上者,降至正常后连测3次
   C. 协助孕妇更换衣裤,做好健康教育,严密观察临产的症状,指导孕妇饮食和休息时取左侧卧位
   D. 教会孕妇自我监测胎动,每日听胎心10~12次。出现异常,及时通知医师

5. 产后禁忌不包括( )。
   A. 忌洗头　　　　　　　　　　B. 忌身体劳累
   C. 忌摄入过多味精　　　　　　D. 忌摄入过多鸡蛋

6. 孕妇在孕产期饮食禁忌不包括( )。
   A. 禁食寒凉、辛辣
   B. 产后饮食不宜大补
   C. 中药食疗可按家人安排自行进行合理补养
   D. 蔬菜、水果不可少

项目八 护理纠纷礼仪

学习目标

1. 了解护理纠纷的概念与特点。
2. 熟悉护理纠纷发生的原因,掌握事前减少纠纷的护理礼仪与措施。
3. 熟悉事后调停和解决护理纠纷的原则与方法。

案例导入

患者王先生进行颅内血肿清除术后第五天,病情危重,昏迷不醒。值班护士正在办公室书写护理记录,王先生的儿子来到办公室,说他父亲的吊瓶快输完了。值班护士立即停下记录,准备去换液体。因为王先生接下来的液体中要加入先锋霉素,所以她没有马上去病房,而是先到治疗室配制药液。这时王先生的儿子又一次来到办公室,很不耐烦地提高嗓门说:"怎么搞的,等了那么长时间还不来换液体?患者的病情这么严重,我们都急坏了,你们倒好,一个个都来休假来了!"

思考与讨论:
(1) 如果你是那位值班护士,你应该怎么去做呢?
(2) 在进行医务护理时,如果出现相应的护理纠纷,护士应当注意哪几点来合理化解?

点评: 近年来,随着社会的进步、法制建设的逐步完善及全民法律意识的提高,患者越来越关注自己在医疗活动中的权利。护士与患者接触最多,因而最易与患者及其家属发生纠纷。护理纠纷的发生,不但给患者带来了无尽的痛苦和巨大的损失,也给护理人员带来了心理压力,同时还影响着医院的稳定及声誉。因此,如何面对护理纠纷和采取什么样的应对措施,是护理工作中的重要问题。

任务一 护理纠纷概述

知识拓展

患者以性命相托,我们怎能不诚惶诚恐,从医如临深渊,如履薄冰。

——张孝骞

一、护理纠纷的概念

广义地说,护理纠纷是指因护理问题引起的医患双方的争议。按此说法,护理纠纷并非只由医方引起,也可由患方引起。狭义地说,护理纠纷是指发生在医患之间的,因患方对医方的护理服务不满,与医方发生的争议。

准确地说,因为未定性或已定性的护理问题,医护人员与患者及其家属之间发生纠葛,对过失等有不同看法,在未做出结论之前,称为护理纠纷。

二、护理纠纷的特点

(一)护理纠纷发生的因素

1. 在新护士身上易发生

新护士处理问题的能力差,遇到紧急情况,常常反应不够灵敏,导致操作程序混乱,进而导致一系列护患纠纷的发生,增加了护理纠纷解决的难度。

2. 纠纷涉及范围广泛

护理工作贯穿于患者就诊及住院期间的方方面面,如从各种治疗处理、病情观察到日常生活护理等几乎无不与患者有关,且与患者家属接触密切。

3. 技术纠纷少

在各种护理纠纷中,由于医护人员的医疗服务态度不到位,如言语生硬冰冷,缺乏耐心、细心与同情心等原因引起的纠纷比较多,而由技术性原因引发的纠纷极少。

4. 可防范性大

护理纠纷比较浅显,具有较大的可防范性。护士只要按照规章制度办事,严格执行操作规范,细心观察,主动热情服务,体现良好的职业素质,就可以减少甚至避免纠纷的发生。

(二)护理纠纷的特性

1. 普遍性

由于护理人员与患者的接触最多、最直接,护理工作伴随患者入院、检查、治疗、手术直至出院的全过程,每一个环节的工作都有护理人员参与。在大多数医疗措施中,医师仅仅是医疗措施的发起者,而护理人员才是真正的医疗措施执行者,与患者每天打交道最多的是护理人员而不是医师。此外,护理工作范围涉及患者医疗和非医疗的各个环节,甚至患者的生活、陪护、患者家属的探视都属于护理管理范畴。因此,在患者诊疗、住院的全过程和诸环节中都可能产生矛盾和纠纷。

2. 多样性

护理工作比较烦琐而细碎,既可以是协助医师的诊疗操作,也可以是独立的护理技术操作;既可以是执行诊疗行为的技术护理,也可以是对患者的生活护理;既可以是病房管理行为,也可以是护理元素管理行为。因而,护理纠纷表现出多样性的特点,既可以是与患者本人发生的纠纷,也可以是与患者的陪护人员及探视家属的矛盾。无论是从纠纷的主体还是从纠纷的内容、纠纷的性质上看,护理纠纷都具有多样性的特点。

3. 及时性

医疗纠纷往往发生在事后,发生在医疗行为结束,患者出现不良后果或者患者对医疗结果不满意时。与医疗纠纷不同,护理纠纷往往发生在护理操作和护理服务过程中,由于护士护理操作或者服务上的原因,引起患者或其家属情绪反应,引发纠纷。比如,护士在输液操作过程中挂错输液瓶,将写有其他床号或者患者姓名的输液瓶挂到另一个患者输液架上,被家属发现,从而引发纠纷。

任务二 护理纠纷的发生与解决

知识拓展

为别人尽最大的力量,最后就是为自己尽最大的力量。

——罗斯金

一、护理纠纷发生的原因

1. 社会因素

社会因素包括全民法律意识的普遍提高,自我维权意识增强,某些新闻媒体误导社会公众等。

2. 患者及其家属因素

患者及其家属因素包括患者及其家属缺乏基本的医疗知识或患者、家属不配合,导致延误病情,影响救治等。

3. 护理人员自身因素

(1) 服务观念滞后。因工作量大,负荷过重,工作较忙的时候,护理人员多对急、危、重患者治疗和护理缺乏耐心,缺少与患者的交流,少数语言生硬,讲话随意、不谨慎,造成家属和病人的不满和误解,导致一些不必要的护理纠纷的发生。医疗服务和行风建设是社会广泛关注的热点,但有些护士还没完全适应现代医学模式的转化,工作缺乏主动性、积极性,服务态度不佳,说话语气生硬等,缺乏以患者为中心的服务理念。

(2) 护理人员的自我保护意识欠缺,法律意识淡薄。在现在的医疗诊治过程中,护理工作者在工作中常常缺乏自我保护意识,主要表现在说话随意、书写护理文件不认真等问题上。

(3) 违反医疗操作规程和规章制度。个别护士在工作中不认真执行医院的规章制度,甚至违反医疗护理操作规程,在护理过程中产生医疗护理差错,造成患者及家属的不信任,从而导致纠纷的发生。

(4) 护士心身耗竭综合征。心身耗竭综合征是指人的心理能量在长期奉献别人的过程中被索取过多,而产生以极度的心身疲惫和感情枯竭为主,并且出现自卑、厌恶工作、失去同情心等症状的综合征。其主要表现在护士社会地位低、护士缺编、超负荷工作等,导致护士身心疲惫,造成他们对护理工作的厌倦。

(5) 医疗费用的问题。高新技术不断引进以及新特药的应用,使医疗费用的增长同患者的经济承受能力产生矛盾。如果住院的医疗费未做到一日清单制或收费项目填写不全甚至发生错误等,极易造成患者的误解,导致纠纷的发生。

(6) 培训不到位,专业技能不熟练。由于护理人员技能不熟悉,对突发事件缺乏应对能力,不能及时观察和发现患者的病情变化,各种操作不熟练导致患者和家属对护士工作的不信任与不满意,引起护理纠纷。

4. 医院管理因素

医院作为一个整体,无论哪个环节出现问题,如后勤供暖、供水、供电、环境、治安等,都可能引起患者的不满而引发纠纷。

二、减少护理纠纷的措施

1. 加强法律、法规的学习，增强法律意识

加强对护理人员的法律培训。护理人员尤其要认真学习《医疗事故处理条例》的相关内容，从理性的角度认识护理事故，清楚了解患者的权利和义务、护士的权利和义务、护理人员的法律责任、护理纠纷的处理程序以及哪些记录资料在护理纠纷中起着重要的证据作用，积极主动地去维护护患双方的合法权益。

2. 加强业务学习，提高业务素质

护理纠纷的发生往往与护士的业务能力有着直接联系，应加强"三基"训练，加强对护士的继续教育，提高护士业务能力；规范护理技能操作，积极学习新理论、新知识、新技术，掌握各种新型护理仪器、设备的使用，使每位护士达到理论知识扎实，护理操作过硬，抢救技术熟练，高质量地完成护理工作任务，确保患者安全。

3. 强化服务意识，加强护士责任心教育

（1）关注细节，防范纠纷。一件普通的小事有时就可以成为纠纷的导火索，做好每一件小事是护理工作的标准。

（2）转变服务理念，增强超前服务意识。为了适应现代服务的需要，护理人员必须更新观念，转变服务理念，树立"以患者为中心"的思想。服务工作要主动超前，要善于发现和总结护理工作中存在的问题及解决问题的对策。

（3）完善各项规章制度和岗位职责。随着人们法制意识的不断提高，在工作中护理人员稍不留意或违反护理操作常规，就会引起患者的不满和投诉。

（4）合理、科学地配置护理人员。在工作量比较大、危重患者较多的情况下，医院应及时调整和补充护理人员，保证临床一线护理工作的质量。

（5）规范护理文书的书写，为护理纠纷提供法律依据。

> **知识拓展**
>
> ### 法律、法规对护士的执业要求
>
> 《护士条例》第十七条　护士在执业活动中，发现患者病情危急，应当立即通知医师；在紧急情况下为抢救垂危患者生命，应当先行实施必要的紧急救护。护士发现医嘱违反法律、法规、规章或者诊疗技术规范规定的，应当及时向开具医嘱的医师提出；必要时，应当向该医师所在科室的负责人或者医疗卫生机构负责医疗服务管理的人员报告。

三、调停护理纠纷的艺术

1. 建立良好的护患关系，防止和减少纠纷的发生

加强护士自身素质建设，增进患者的信任感。了解患者及其家属的心理特点与需求，提高服务质量。创造一个温馨的环境，满足患者的心理需要。

2. 用心聆听

聆听，即集中精力认真地听，虔诚地听，带有尊敬的色彩。聆听是一门艺术，护士可以从中发现患者的真正需求，从而获得处理投诉的重要信息。

3. 有效沟通

达成有效沟通须具备两个必要条件：首先，信息发送者清晰地表达信息的内涵，以便信息接收

者能理解准确；其次，信息发送者重视信息接收者的反应并根据其反应及时修正信息的传递，免除不必要的误解。两者缺一不可。为实现有效沟通护理人员要注意以下几点。

（1）沟通要有诚心。护理人员与患者或家属进行沟通时要本着平等、尊敬的原则，适度移情，换位思考，让患者感觉到护理人员真心想帮助他，是在为他解决实际问题，从而取得患者的信任与理解，帮助其有效地实施各项治疗，为护理工作铺平道路。

（2）沟通要有的放矢。护理人员要了解不同患者的不同需求、同一患者在不同时期的不同需求，如患者初入院时，最关心的是病情、预后以及医院的医疗技术水平，此时，沟通的重点应放在疾病的相关治疗和护理措施方面；随着患者病情逐渐稳定、好转以及医疗费用的日渐增多，患者关注的焦点开始转到医疗费用方面，沟通的主要内容也应随之转移。

（3）沟通要有预见性。对于有意识、感觉障碍，不能很好地配合治疗和护理或在住院过程中存在较大安全隐患或意外，如跌倒、坠床、烫伤、走失等的患者，护士要根据患者的病情与其家属进行有预见性的沟通，将一些可能出现的情况或危险、需要采取的措施以及患者和其家属应该给予的配合等详细地告诉他们，让他们有充分的心理准备，以积极的行为配合治疗和护理工作。

（4）沟通要有法律意识。护士在与患者及其家属进行沟通时，一定要有强烈的法律意识，除了将相关知识解释清楚外，不要轻易给予任何承诺，涉及病情及预后的事情护士不应多谈，对医疗费用的额度也不要轻易下结论。

（5）沟通要有始有终（全程）。在患者办理出院手续这个最终环节上也可能出现纠纷。例如，对出院费用的质疑、出院带药不满意、出院手续不了解等，均会导致患者的不满。

 **案例评析**

案例：

近年来医患关系日益紧张，在某医院就发生了这样一起医院护患纠纷。孕妇李女士今年45岁，属于高龄产妇。从1周前开始李女士进入该院进行待产，由护士小刘全权进行护理。前4天小刘的护理得到了李女士和家人的认可。结果在第5天时，小刘因为男朋友和她分手，情绪十分低落。在她搀扶李女士上厕所的时候，由于心不在焉，不小心弄痛了李女士，李女士因此还摔了一跤。这一幕恰好被李女士的丈夫看到了，他以为是小刘有意推搡他妻子，二话不说就扇了小刘一个耳光，旁边的男护士赶忙前来帮忙，结果两人厮打起来，小刘也不知道该怎么办。这次打斗影响了李女士的心情，使后来的生产出现了不好的后果。

评析：

护理行业作为专业性很强的服务性行业之一，其工作复杂性较高。护理人员每天都会面对不同职业、不同家庭背景、不同病情状况的患者，在护理时，护理方法与礼仪也不尽相同，因此在护理过程中难免会发生一些护患纠纷，乃至出现拳脚相加的局面。护理人员应当时刻做到，在护理时认真服务，细心护理，不随意指责、嘲笑、嫌弃病患，先把自己的护理工作做到位，不把自己生活中或其他地方的情绪带入护理过程中。同时，护理人员也要加强对自己合法权益的保护意识，增强维权观念，在患者方产生过错时，积极采取措施保护自己的合法权益，而非息事宁人，这样才能促使整个护理过程良好、高效地进行，也为社会的和谐与安定添砖加瓦。

实践模拟：

同学们列举日常护理过程中护患之间可能出现纠纷的护理场景，挑选其中一个场景进行模拟，允许学生自由发挥；随后互换角色再进行模拟，体会在护患纠纷中，作为患者/护士应当如何避免和妥善处理纠纷，并请老师点评。

思考与练习

一、名词解释

护理纠纷　有效沟通

二、选择题

1. 关于护理纠纷的特点,错误的是(　　)。
   A. 在新护士身上易发生　　　　B. 纠纷涉及范围广泛
   C. 技术纠纷多　　　　　　　　D. 可防范性大
2. 关于护理纠纷发生的原因,错误的一项是(　　)。
   A. 社会因素　　　　　　　　　B. 患者及其家属因素
   C. 经济自身因素　　　　　　　D. 医院管理因素
3. 关于减少护理纠纷的措施,错误的一项是(　　)。
   A. 加强法律、法规的学习,增强法律意识
   B. 加强业务学习,提高业务素质
   C. 强化服务意识,加强护士责任心教育
   D. 加强对病人的说服教育工作
4. 关于调停护理纠纷的技术,错误的一项是(　　)。
   A. 建立良好的护患关系,防止和减少纠纷的发生
   B. 用心聆听
   C. 有效沟通
   D. 说服患者家属

参考文献

[1] 刘宇.护理礼仪[M].北京:人民卫生出版社,2006.
[2] 张艳霞,吴开凤,张冬梅.护士服务礼仪与沟通技巧[M].北京:军事医学科学出版社,2010.
[3] 徐淑秀,张静.护理礼仪与交际:2版[M].北京:人民军医出版社,2011.
[4] 方海云,成守珍.护士形象与礼仪规范[M].北京:人民军医出版社,2010.